日本目録規則
1987年版改訂2版　追加および修正

第2章　図書（和古書・漢籍用増補版）

第3章　書写資料（増補改訂版）

第13章　継続資料（旧第13章逐次刊行物 改訂版）

日本図書館協会目録委員会編

社団法人
日本図書館協会
2005

The 2005 Additions and Changes to
Nihon Mokuroku Kisoku (Nippon Cataloging Rules) 1987 Edition, 2nd Revision

Chapter 2 (Books)：Additions for Early Printed Books in Japan, China and Korea
Chapter 3 (Manuscripts)：2005 Revision
Chapter 13 (Continuing Resources)：2005 Revision (Serials and Integrating Resources)

Prepared by
the Committee of Cataloging of the Japan Library Association

© 2005, Japan Library Association

日本目録規則1987年版改訂2版追加および修正．第2章図書（和古書・漢籍用増補版）；第3章書写資料（増補改訂版）；第13章継続資料（旧第13章逐次刊行物改訂版）／ 日本図書館協会目録委員会編． － 東京 ： 日本図書館協会，2005．103ｐ ； 26㎝
ISBN 4-8204-0514-4 ： ￥1200

t1.ニホン モクロク キソク 1987ネンバン カイテイ 2ハン ツイカ オヨビ シュウセイ a1.ニホン トショカン キョウカイ s1.資料目録法 ① 014.32

は じ め に

　2001年に日本目録規則は，第9章の改訂を組み込んで『日本目録規則1987年版改訂2版』として刊行された。本書は，この『1987年版改訂2版』に対する新たな追加および修正をとりまとめたものである。

　今回の改訂は，三つの部分から成る。第1は，「第2章　図書」で，近現代の図書だけでなく和古書・漢籍にも適用できるように増補したものである。従来の第2章の条項には手を加えず，和古書・漢籍に関する条項（（古）と表示されている部分）を追加した形である。ただし従来の部分は条項のみを掲載し，例示は省略した。第2は，同じく和古書・漢籍にかかわる「第3章　書写資料」の増補である。元来第3章は古資料が主たる部分を占めるため改訂は全体にわたっている。第3の部分は，「第13章　継続資料」である。これまで第13章は，もっぱら逐次刊行物を対象とするものだったが，新しい13章では，いわゆる更新資料（加除式資料やデータベース，あるいはウェブサイトのように更新により内容に追加，変更があっても，同一の本タイトルのもとに，一つの刊行物としてのまとまりが維持されている資料）の条項が統合されている。そのために章のタイトルは両者を包括する「継続資料」となった。

　改訂作業の経過からいえば，継続資料がもっとも早くに着手され，その作業の過程で持ち上がった第2章と第3章の検討が同時並行的に進展した。『図書館雑誌』における検討方向の表明やウェブサイトでの改訂案の提示を経て，2004年12月に新川の日本図書館協会でこれらの章に関する検討会が開催された。その後，発言をいただいた方々と協議を行いつつ委員会で検討を重ね，この改訂が刊行される運びとなった。ここに至るまでの間，多くの方々のご協力とご支援，そして委員会の構成員および事務局の献身的な努力に対して謝意を表するものである。

　2005年6月

　　　　　　　　　　　　　　　　　　　　　　　　　　　　日本図書館協会目録委員会
　　　　　　　　　　　　　　　　　　　　　　　　　　　　　　委員長　永田　治樹

日本図書館協会目録委員会委員（第 28 期〜第 30 期）（2001.4〜2005.7）

委員長　永田　治樹（筑波大学）

委　員　乙骨　敏夫（埼玉県立浦和図書館　〜 2003.3）

　　　　木村　　優（国立情報学研究所　2002.5〜2003.3）

　　　　酒井　清彦（国立情報学研究所　〜 2002.4）

　　　　白石英理子（東京都立中央図書館　2002.9〜）

　　　　原井　直子（国立国会図書館）

　　　　平田　義郎（横浜国立大学附属図書館　2003.4〜）

　　　　古川　　肇（近畿大学）

　　　　堀井　郁子（東京都立多摩図書館　〜 2003.3）

　　　　増井ゆう子（国文学研究資料館）

　　　　松井　一子（国立国会図書館　2004.2〜 2005.3）

　　　　室橋　　真（埼玉大学附属図書館　〜 2003.3）

　　　　茂出木理子（国立情報学研究所　2003.4〜）

　　　　横山　幸雄（国立国会図書館）

　　　　和中　幹雄（国立国会図書館　〜 2003.5）

目　次

第 2 章　図　書　　3
第 3 章　書写資料　　37
付　録　用語解説　　52

第 13 章　継続資料　　55
第 13 章以外の変更　　102
付　録　用語解説　　103

第 2 章
図　　書

2.0　通　則
2.0.1　記述の範囲
2.0.2　記述の対象とその書誌レベル
2.0.3　記述の情報源
2.0.4　記述すべき書誌的事項とその記録順序
2.0.5　記述の精粗
2.0.6　記録の方法
2.1　タイトルと責任表示に関する事項
2.1.1　本タイトル
2.1.2　資料種別(使用しない)
2.1.3　並列タイトル
2.1.4　タイトル関連情報
2.1.5　責任表示
2.2　版に関する事項
2.2.1　版表示
2.2.2　特定の版にのみ関係する責任表示
2.2.3　付加的版表示
2.2.4　付加的版にのみ関係する責任表示
2.3　資料(または刊行方式)の特性に関する事項
2.4　出版・頒布等に関する事項
2.4.1　出版地, 頒布地等
2.4.2　出版者, 頒布者等
2.4.3　出版年, 頒布年等
2.4.4　製作項目(製作(印刷)地, 製作(印刷)者, 製作(印刷)年)

2.5　形態に関する事項
2.5.1　ページ数, 図版数等
2.5.2　挿図, 肖像, 地図等
2.5.3　大きさ
2.5.4　付属資料
2.6　シリーズに関する事項
2.6.1　本シリーズ名
2.6.2　並列シリーズ名
2.6.3　シリーズ名関連情報
2.6.4　シリーズに関係する責任表示
2.6.5　シリーズのISSN(任意規定)
2.6.6　シリーズ番号
2.6.7　下位シリーズの書誌的事項
2.7　注記に関する事項
2.7.1　注記
2.7.2　記録の方法
2.7.3　注記の種類(和古書, 漢籍を除く)
2.7.4　注記の種類(和古書, 漢籍)
2.8　ISBN, 入手条件に関する事項
2.8.1　ISBN
2.8.3　入手条件・定価(任意規定)

第2章 図　書

2.0　通則

この章では，図書の記述について規定する。主として日本語で書かれた資料を対象とするが，洋書にも適用できる。また，和古書，漢籍（ともに写本，手稿等は除く）に特有の規定については，その条項あるいは条項内の関連する箇所に「(古)」と付し区別した。写本，手稿等は第3章，点字資料は第11章，マイクロ資料は第12章，継続資料は第13章を見よ。

2.0.1　記述の範囲

ある図書を他の図書から同定識別する第1の要素はタイトルである。しかし，同一タイトルの他の図書から，あるいは同一著作の他の版から，その図書を同定識別するためには，責任表示，版次，出版・頒布等に関する事項，形態に関する事項，シリーズに関する事項等も記録しておく必要がある。また，その図書の付属資料や内容細目なども記録することがある。

2.0.2　記述の対象とその書誌レベル

2.0.2.1（記述の対象）　原則として，単行書を記述の対象とする。単行書は，固有のタイトルを有する単独に刊行された図書であり，次にあげるものを含む。

ア）本タイトルが共通タイトルと部編や付録などの従属タイトルからなるもの

イ）形態的に2冊以上からなっているが，その各冊に固有のタイトルのないもの

ウ）本体と，形態的に独立しているが，固有のタイトルのない付録，補遺などからなるもの

エ）セットものの一部をなしているもの

オ）シリーズの一部をなしているもの

カ）継続資料の一部をなしているもの（固有のタイトルをもつ別冊等）

キ）合刻本（2.1.1.2 D参照）

2.0.2.1A　個々の図書のほかに，グループ全体に固有のタイトルがある単行書の集合（セットもの，出版社シリーズ等）を記述の対象とすることができる。これらには次にあげるものを含む。

ア）固有のタイトルがある付録などと組み合わせて刊行されたもの

イ）図書が主体となった複合媒体資料

2.0.2.1B　固有のタイトルがあり，形態的に独立していない著作等（構成部分）を記述の対象とすることができる。

2.0.2.1C（古）　和古書，漢籍については，個別資料ごとに別の記述を作成する。

2.0.2.2（記録の書誌レベル）　記述の対象に応じて，次に示す書誌レベルの記録を作成する。

　　　　記述対象　　　　記録の書誌レベル

2.0 通則

　　　　単行書　　　　　単行レベル

　　　　単行書の集合　　集合レベル

　　　　構成部分　　　　構成レベル

2.0.2.2 別法　必要ならば，図書の1冊ずつを記述対象とする物理単位の記録を作成する。（1.10 参照）

2.0.2.3（単行レベルの記録）　単行書を記述の対象とするときは，単行単位を記述の本体とする書誌的記録を作成する。その記録は，単行単位，集合単位または継続刊行単位，構成単位の順とする。集合単位または継続刊行単位はシリーズに関する事項，構成単位は内容細目として記録する。

2.0.2.3 任意規定　単行書のなかに2以上の著作が含まれているときは，それぞれの著作を記述の本体とする書誌的記録を作成する。

2.0.2.3A　複数の集合単位もしくは構成単位があるときは，書誌階層において上位レベルのものから順次記録する。

2.0.2.3B　単行レベルの記録の記載（出力）様式については，第Ⅰ部の記述付則1に示す。

2.0.2.4（集合レベルの記録）　セットもの等を記述の対象とするときは，集合単位を記述の本体とする書誌的記録を作成する。その記録は，集合単位，単行単位，構成単位の順とする。

2.0.2.4A　記述の本体とした集合単位より上位レベルの集合単位があるときは，記述の本体とした集合単位のあとに，上位レベルのものから順次，シリーズに関する事項として記録する。

2.0.2.4B　集合レベルの記録の記載（出力）様式については，第Ⅰ部の記述付則1に示す。

2.0.2.5（構成レベルの記録）　構成部分を記述の対象とするときは，それぞれの構成単位を記述の本体とする書誌的記録を作成する。その記録は，構成単位，単行単位，集合単位の順とする。

2.0.2.5A　複数の集合単位があるときは，書誌階層において下位レベルのものから順次記録する。

2.0.2.5B　構成レベルの記録の記載（出力）様式については，第Ⅰ部の記述付則1に示す。

2.0.3　記述の情報源

2.0.3.1（記述の情報源）　記述のよりどころとする情報源は，図書を構成する各部分に基づいて，次の優先順位とする。

　ア）標題紙（標題紙裏を含む），奥付，背，表紙

第2章 図　書

　　イ）図書本体のア）以外の部分

　　ウ）カバー，箱等

　　エ）その図書以外の情報源

2.0.3.1A　標題紙がない場合には，図書中にもっとも詳しい書誌情報が示されている情報源を標題紙に代わるものとみなす。

2.0.3.1B　複製本はその原本ではなく，複製本自体を情報源とする。

2.0.3.1C（古）　和古書，漢籍については，記述のよりどころとする情報源は，次の優先順位とする。

　　ア）記述対象本体

　　イ）箱・帙等の容器

　　ウ）その記述対象以外の情報源

2.0.3.2（各書誌的事項の情報源）　各書誌的事項の情報源は，次のとおりとする。

　　ア）タイトルと責任表示……標題紙（標題紙裏を含む），奥付，背，表紙

　　イ）版……標題紙（標題紙裏を含む），奥付，背，表紙

　　ウ）出版・頒布等……標題紙（標題紙裏を含む），奥付，背，表紙

　　エ）形態……その図書から

　　オ）シリーズ……その図書から

　　カ）注記……どこからでもよい

　　キ）ISBN，入手条件・定価……どこからでもよい

2.0.3.2A（古）　和古書，漢籍については，各書誌的事項の情報源は，次のとおりとする。情報源の選択に当たっては，時代，ジャンルあるいは造本等の事情を考慮する。

　　ア）タイトルと責任表示

　　　(1)　巻頭，題簽，表紙

　　　(2)　目首，自序，自跋，巻末

　　　(3)　奥付，見返し，扉，版心，著者・編者以外の序跋

　　　(4)　小口書，識語等

　　　ただし，漢籍については，巻頭を優先する。

　　イ）版……なし（2.2.1.1D参照）

　　ウ）出版・頒布等……刊記，奥付，見返し，扉，版心，序，跋，識語等

　　エ）形態……その記述対象から

オ）シリーズ……その記述対象から

カ）注記……どこからでもよい

　タイトルについて，巻頭以外を情報源とした場合は，その情報源を注記する。(2.7.4.1 ア) 参照）

　識語および後に加えられた書き入れを情報源とした場合は，その旨を注記する。その他のものを情報源とした場合も情報源を注記することができる。

2.0.3.2B　記述対象とする図書によるべき情報源がない場合は，参考資料をはじめとして，可能な限りの情報源を調査して，必要な書誌的事項に関する情報を入手し，これを記録する。

2.0.3.2C　所定の情報源以外から得た書誌的事項は，補記の事実を示すため角がっこに入れて記録する。必要があるときは，注記等で情報の出典を示す。

2.0.4　記述すべき書誌的事項とその記録順序

　記述すべき書誌的事項とその記録順序は，次のとおりとする。

ア）タイトルと責任表示に関する事項

　(1)　本タイトル

　(2)　資料種別（使用しない）

　(3)　並列タイトル

　(4)　タイトル関連情報

　(5)　責任表示

イ）版に関する事項

　(1)　版表示

　(2)　特定の版にのみ関係する責任表示

　(3)　付加的版表示

　(4)　付加的版にのみ関係する責任表示

ウ）資料（または刊行方式）の特性に関する事項（使用しない）

エ）出版・頒布等に関する事項

　(1)　出版地，頒布地等

　(2)　出版者，頒布者等

　(3)　出版年，頒布年等

　(4)　製作項目（製作（印刷）地，製作（印刷）者，製作（印刷）年）

オ）形態に関する事項

第2章　図　書

　　(1)　ページ数，図版数等

　　(2)　挿図，肖像，地図等

　　(3)　大きさ

　　(4)　付属資料

　カ）シリーズに関する事項

　　(1)　本シリーズ名

　　(2)　並列シリーズ名

　　(3)　シリーズ名関連情報

　　(4)　シリーズに関係する責任表示

　　(5)　シリーズのISSN（任意規定による事項）

　　(6)　シリーズ番号

　　(7)　下位シリーズの書誌的事項

　キ）注記に関する事項

　ク）ISBN，入手条件に関する事項

　　(1)　ISBN

　　(2)　入手条件・定価（任意規定による事項）

2.0.4.1（2言語以上の同一書誌的事項）　同一書誌的事項が2言語（文字）以上で表示されている場合，並列タイトルと並列シリーズ名およびそれらのタイトル関連情報のみを記録し，その他の書誌的事項は本タイトルまたは本文の言語と一致するものを記録する。

2.0.5　記述の精粗

　以下に，記述の精粗について，必須，標準，詳細の別による3水準を示す。それぞれの図書館は，その実情に応じて，これらに若干の書誌的事項を加えることができる。

　ア）第1水準　必須の書誌的事項

　　　本タイトル␣/␣最初の責任表示.␣─␣版表示.␣─␣出版者または頒布者等,␣出版年または頒布年等.␣─␣ページ数.␣─␣(本シリーズ名)

　イ）第2水準　標準の書誌的事項

　　　本タイトル␣:␣タイトル関連情報␣/␣責任表示.␣─␣版表示␣/␣特定の版にのみ関係する責任表示.␣─␣出版地または頒布地等␣:␣出版者または頒布者等,␣出版年または頒布年等.␣─␣ページ数（図版数）等␣:␣挿図等␣;␣大きさ␣+␣付属資料.␣─␣(本シリーズ名␣/␣シリーズに関係する責任表示,␣シリーズの

2.0 通則

　　　　　ISSN␣；␣シリーズ番号．␣下位シリーズの書誌的事項）．␣―␣注記．␣―␣ISBN

ウ）第３水準　この章において規定するすべての書誌的事項

2.0.6　記録の方法

2.0.6.1（転記の原則）　図書を記述するとき，次の書誌的事項は，原則としてその図書に表示されているままに記録する。ただし，特に別途規定されている場合を除く。

ア）タイトルと責任表示に関する事項（注記する場合もある）

イ）版に関する事項

ウ）出版・頒布等に関する事項

エ）シリーズに関する事項

2.0.6.1A　洋書を記述する場合，タイトルと責任表示に関する事項以外は，その言語と一致した略語（付録２参照）を使用する。タイトルと責任表示にはいかなる場合（例：注記するとき）でも略語を使用しない。また，次に示す略語は，言語にかかわりなく，ローマ字を用いる言語による記述すべてに使用する。ローマ字以外の言語では，これらに相当する略語を用いる。

　　　et al.＝ほか
　　　s.l.＝出版地不明
　　　s.n.＝出版者不明

2.0.6.2（目録用の言語・文字）　形態に関する事項や注記に関する事項などにおいては，特に記述対象から転記する必要がある事項以外，原則として日本語によって記録する。

2.0.6.2別法　洋書を記述する場合，形態に関する事項や注記に関する事項などにおいては，目録用の言語として英語を用いる。

2.0.6.3（文字の転記）　漢字は，原則として所定の情報源に使用されている字体で記録する。楷書以外の書体は楷書体に改める。かなはそのまま記録するが，変体がなは平がなに改める。ローマ字，キリル文字等，外国の文字も，原則としてそのまま記録するが，大文字の使用法およびＩＳＢＤ区切り記号以外の句読点の使用法は，当該言語の慣行に従う。また，文字の大小の表示は再現せず，全部同一の大きさの文字で記録する。

　（古）和古書については，変体がなの母体となっている漢字（字母）を注記することができる。

　　　となみ山
　　　（注記「巻頭書名表示は「刀奈美山」」）

第2章　図　書

2.0.6.3別法1　常用漢字表に収録されている漢字は，常用漢字表にある字体を使用する。

2.0.6.3別法2　洋書を記述する場合，ローマ字しか再現できない印刷方法，文字コード表などを用いるときは，ローマ字以外の文字をローマ字化する。

2.0.6.3A（古）　和古書，漢籍については，破損その他の理由で判読できない文字は白四角（□）を用い，該当文字数を並べる。字数も不明のときは，「□・・・□」とする。推定した文字については，角がっこ（[　]）に入れて補記する。

　　　　　□□伊勢物語
　　　　　南都□・・・□縁起
　　　　　天[満]宮御伝記略

2.0.6.4（数字の記録）タイトルと責任表示に関する事項においては，数字はそのままの形で転記する。その他の書誌的事項においては，数量とか順序などを示す数字はアラビア数字とする。ただし，識別のために二様以上の数字を用いる必要があるときは，そのままの形で記録する。

2.0.6.5（再現不能の記号等の記録）記号等は，原則としてそのまま記録する。採用する印刷方法，文字コード表などによって，表示のとおり転記することが不可能な記号等は，説明的な語句におきかえ角がっこに入れる。さらに必要があるときは注記において説明を加える。

　　　　　一口[にわ]かいろは節用
　　　　　（注記「タイトルの補記部分は，丸（○）を2つ重ねている形」）

　踊り字のうち2文字分以上にわたる長さのものは，本来の文字を繰り返した形を記録する。踊り字であることを注記することができる。

　　　　　つれつれ草
　　　　　（注記「タイトルの繰返し部分は踊り字」）

2.0.6.6（誤記，誤植）　書誌的事項の明らかな誤りは正しい形に訂正し，訂正したことが明らかになるような方法で記録する。もとの形は必要があるときは注記する。脱字は補記するが，この場合は角がっこ（一対）の前後にスペースを置かない。

2.0.6.7（ISBD区切り記号法）　1.0.6.7を見よ。

2.0.6.8（記入における記述の記載位置）　1.0.6.8を見よ。

2.1　タイトルと責任表示に関する事項

2.1.0　通則

2.1.0.1（書誌的事項）　記録すべき書誌的事項と，その記録順序は次のとおりとする。

　ア）本タイトル

2.1 タイトルと責任表示に関する事項

イ）資料種別（使用しない）

ウ）並列タイトル

エ）タイトル関連情報

オ）責任表示

2.1.0.2（区切り記号法）　1.1.0.2を見よ。

2.1.0.3（複製本）　複製本の場合，原本ではなく複製本自体のタイトル，責任表示等を記録する。原本のタイトルが複製本のものと異なるときは，これを注記する。

2.1.1　本タイトル

2.1.1.1（本タイトルとするものの範囲）　図書に表示されているか，表示がない場合でも，それによって図書が同定識別される固有の名称が本タイトルである。本タイトルとするもののなかには，次に示すようなものもある。

ア）総称的な語，イニシアル，著作者名（団体名を含む）のみのもの

イ）識別上必要な数や文字と不可分なもの

ウ）別個に刊行された部編や付録などのタイトルで，本体をなす共通タイトルと部編や付録などの従属タイトルからなるもの。この場合，共通タイトルと従属タイトルとの間に巻次，回次，年次等は介在していない。

エ）本文と同一言語でない，唯一のタイトル（本文の言語を注記する）

2.1.1.1A（古）　和古書，漢籍については，書誌的巻数を，本タイトルの一部としてその末尾に，スペースに続けてアラビア数字で記録する。

　　欠本の場合は，完本の巻数を記録し，続いて記述対象の現存巻数を丸がっこに入れて，「存」字を先立てて付記する。完本の巻数が不明な場合は，現存巻数のみを丸がっこに入れ，「存」字を先立てて付記する。存巻ないし欠巻の詳細については，注記する。（2.7.4.1 カ）参照）

　　　　　古今和歌集␣20巻
　　　　　八家四六文註␣8巻補1巻
　　　　　杜律集解␣五言4巻七言2巻
　　　　　東華続録␣咸豊朝100巻同治朝100巻
　　　　　桂洲先生文集␣50巻首1巻坿年譜1巻
　　　　　天地冥陽水陸雑文␣（存2巻）
　　　　　（注記「存巻：␣疏下・牒下」）
　　　　　八家四六文註␣8巻補1巻␣（存7巻）
　　　　　（注記「欠巻：␣第4，補」）

第2章 図 書

　　記述対象が1巻または巻立てがない場合，巻数は記録しなくてもよい。

　　多巻ものの零本等の場合は，形態的に独立した特定の部分だけを本タイトルとして採用することができる。巻次を含めて本タイトルとして記録するときは，アラビア数字に置き換えることはせず，情報源に表示されているままに記録する。(2.0.6.4参照)

　　　源氏物語若紫巻
　　　水族写真巻之一
　　　大般若波羅密多経巻三百八十二

2.1.1.1B　単行書として刊行された別冊の，続編，補遺，索引のタイトルが正編または本編のタイトルと異なるときは，別冊のタイトルを本タイトルとして記録し，正編または本編のタイトルは注記する。

2.1.1.1C　別タイトルは，本タイトルの一部として記録する。

2.1.1.1C別法　別タイトルは，タイトル関連情報に準じて扱う。

2.1.1.1D　本タイトルの上部または前方に表示されている事項でタイトル関連情報，巻次，回次，年次等，責任表示，版次，出版者名，シリーズ名のような書誌的事項と判定される事項がある場合は，次のようにする。

　ア）これらの事項が本タイトルの一部分とみなされるときは，全体を本タイトルとして記録する。

　イ）本タイトルの一部分としてみなされず，別個の書誌的事項として判断されるときは情報源における表示の順序にかかわらず，当該書誌的事項の所定の記録順位に従って記録する。

2.1.1.1E　標題紙，奥付，背，表紙に表示されている各タイトルが異なるときは，共通するタイトルがあればそのタイトルを，なければ標題紙，奥付，背，表紙の優先順位に従って選定したタイトルを，本タイトルとして記録し，他のタイトルは注記とする。

　　（古）和古書，漢籍については2.0.3.2Aア）に規定する情報源による。

2.1.1.2（記録の方法）　原則として，その図書の所定の情報源に表示されているままに転記する。本タイトルの一部分が2行書き，または小さな文字で表示されていても，1行書きとし，全部同じ大きさの文字で記録する。

2.1.1.2A　ルビは，それが付されている語の直後に付記する。

2.1.1.2B　図書中のどこにもタイトルの表示がないときは，適切な情報源による本タイトルか，目録担当者が決定した簡潔で説明的な本タイトルを補記する。

2.1 タイトルと責任表示に関する事項

（古）和古書，漢籍については，目録担当者が決定した場合は，その旨を注記する。（2.7.4.1 オ）参照）

2.1.1.2C 合集のタイトル等で所定の情報源にその図書全体の総合タイトルが表示されていて，同時にその図書に収録されている著作それぞれのタイトルが表示されているときは，その総合タイトルを本タイトルとして記録し，それぞれの著作のタイトルは内容細目として注記の位置に記録する。（2.7.3.7 ア），2.7.4.6 ア）参照）

（古）和古書，漢籍については，記述対象に収録されている著作それぞれのタイトルを，所定の情報源における表示の有無にかかわらず，内容細目として注記の位置に記録する。

2.1.1.2D 図書全体に対応する総合タイトルがなく，図書の内容をなす各著作のタイトルが表示されているときは，これらのタイトルを所定の情報源に表示されている順で列記する。（2.1.5.2 F参照）

（古）和古書，漢籍については，記述対象の内容をなす各著作のタイトルを，次のいずれかの方式により記録する。

ア）それぞれの著作のタイトルを列記する。

　　無量壽經起信論␣3巻␣;␣觀無量壽佛經約論␣1巻␣;␣阿彌陀經約論␣1巻␣/␣彭際清述
　　おあむ物語␣/␣山田去暦女著.␣おきく物語
　　兼好傳考證␣/␣大国隆正著␣;␣村田嘉昇画.␣しのぶ山物がたり␣/␣大国隆正著

イ）総合タイトルを補記する。適切な情報源等により目録担当者が決定した総合タイトルを補記するか，または，内容をなす著作のうち主要な著作のタイトルを総合タイトルとみなして記録する。内容をなす各著作のタイトルは内容細目として注記の位置に記録する。

　　［雙玉紀行］
　　　内容:␣君のめくみ␣;␣はまつと
　　救偏瑣言␣10巻
　　　内容:␣救偏瑣言␣10巻␣;␣瑣言備用良方␣1巻

2.1.2　資料種別

図書の記述においては使用しない。

2.1.3　並列タイトル

2.1.3.1（並列タイトルとするものの範囲）本タイトルとして選定するタイトルの別言語および別の文字（またはその一方）のタイトルで，所定の情報源に表示されているもの。次にあげる場合に記録する。

第2章 図書

ア）本タイトルに対応する別言語および別の文字（またはその一方）のタイトルで，この言語および別の文字（またはその一方）の本文があるもの

イ）本タイトルと別言語の原タイトルで，原本の本文はないが所定の情報源に表示されているもの

ウ）相当する言語の本文はないが，所定の情報源において本タイトルと同等に表示されているもの

2.1.3.1A 総合タイトルのない図書では，個々の著作の，別言語および別の文字（またはその一方）のタイトルを並列タイトルとする。

2.1.3.2（記録の方法）　本タイトルに続けて記録する。

2.1.3.2別法　次にあげる場合のとき，日本語のタイトルを本タイトルとして記録し，外国語のタイトルは注記する。

ア）所定の情報源に日本語と外国語のタイトルが表示されているとき

イ）日本語のタイトルと外国語のタイトルがそれぞれ別の標題紙に表示されているとき

2.1.4　タイトル関連情報

2.1.4.1（タイトル関連情報とするものの範囲）　タイトル関連の情報。本タイトルに対するもの以外に，並列タイトルや，図書中の各著作のタイトルに対するものもある。情報源における表示の位置は，本タイトルのあとに続くものが多いが，本タイトルの上部や前方の位置に表示されていることもある。タイトル関連情報にはサブタイトルやタイトル先行事項を含む。

2.1.4.2（記録の方法）　タイトル関連情報は，それのかかわる本タイトル（並列タイトルがある場合は，並列タイトル）に続けて記録する。同一著者の2以上のタイトルに共通するタイトル関連情報は，最後のタイトルに続けて記録する。

2.1.4.2別法　長いタイトル関連情報は注記する。

2.1.4.2A　2以上のタイトル関連情報があるときは，所定の情報源における表示のままの順で記録する。

2.1.5　責任表示

2.1.5.1（責任表示とするものの範囲）　責任表示の範囲は，直接的な著作者，すなわち本文の著者とか編さん者，画家などのほか，間接的な原作者，編者，訳者，脚色者なども含む。また通常これらの責任表示における人名や団体名には，その著作への関与のしかた，役割などを示す語句が付加されている。監修者，校閲者，スポンサーとしての団体名等が所定の情報

2.1 タイトルと責任表示に関する事項

源に表示されているときは，これを責任表示の範囲に含める。

2.1.5.1別法　所定の情報源に表示されている監修者，監訳者，校閲者，解説者，序文執筆者，著作権者等は記録しない。これらは必要があれば注記する。

2.1.5.1A　図書のタイトル中に表示されている著者名等は，責任表示としても記録する。

2.1.5.1B　図書中になく，他の情報源から得た責任表示は注記する。

2.1.5.1C（古）　和古書，漢籍については，記述対象に責任表示に相当する表示がないとき，記述対象以外の情報源から得た責任表示を補記する。その情報源は注記することができる。（2.7.4.2イ）参照）

2.1.5.1D　2以上の個人や団体が表示されている場合は，次のようにする。

　ア）同一の役割を果たしているときは，その数にかかわりなくこれら全体を一つの責任表示とする。

　イ）原著者と翻訳者のように，異なる役割を果たしているものがあるときは，その役割ごとに別個の責任表示とする。

2.1.5.1E　一つの責任表示に記録する個人名や団体名の数が2までのときはそのまま記録し，3以上のときは，主なもしくは最初の名称一つを記録し，他は「[ほか]」（外国語形は(1.0.6.1A参照)と補記して省略する。

2.1.5.1E任意規定　記録しなかった個人名や団体名を注記する。

2.1.5.1E別法　一つの責任表示において記録する個人名や団体名の数は，書誌的記録作成機関において，その必要に応じて定める。

2.1.5.2（記録の方法）　本タイトルに（並列タイトルがあればそれに，サブタイトルがあればそれに）続けて，その図書の著者（個人または団体）あるいはその著作に関与した副次的な著者（編者，訳者，校訂者等）に著作の種類を示す語（著，共著，作，文，画，撮影，作曲，編等，外国語のタイトルのときは当該言語形）を付したものを記録する。

2.1.5.2A　責任表示には，所定の情報源のうちもっとも適切な表示を選んで記録する。例えば，著者名が標題紙には原綴で表示されていて，奥付にはかなで表示されている図書において，かなの表示がより適切な場合は，かな形の表示を選んで記録するような場合である。

2.1.5.2A別法（古）　漢籍については，情報源の表示にかかわらず，本姓名を記録する。なお，先秦書の場合は撰者を記録しない。記録しなかった個人名や団体名を注記することができる。

2.1.5.2B　責任表示が2以上ある場合の記録順序は，原則として情報源上の表示による。も

第2章 図書

し一つの情報源だけでは完全な形とならない場合は，他の情報源の表示から補って完全な形とする。この場合の記録の順序は，その著作の成立過程からみてそれらの間に一定の順序があれば，その順による。たとえば，古典の校訂書の場合の原著者，校訂者の順とか，翻訳書の場合の原著者，訳者の順とか，ある個人の著作を他の編者が編集した場合の著者，編者の順をいう。

2.1.5.2 C　団体の名称が内部組織を含めて表示されているときは，情報源における表示のとおりに記録する。

2.1.5.2 D　情報源に表示されていない語句等を責任表示に補記した場合は，これを角がっこに入れる。情報源の表示に，著作の種類を示す語句がないとき，またはタイトルと責任表示に記録した個人や団体との関連を明らかにする必要があるときは，これを補記する。

　　（古）和古書，漢籍については，情報源の表示に著作の種類を示す語句がないときは，著，編，撰等（漢籍の場合は，撰，輯，選等）の適切な語句を補記する。

2.1.5.2 E　識別上必要でないとき，次のものは省略する。

　ア）人名の場合：学位，役職名等の肩書，所属団体名やそのイニシアル

　　（古）和古書における居住地，漢籍における郷貫，号，字など

　イ）団体名の場合：団体名の冒頭に表示されている法人組織等を示す語

　　ただし，例外として以下のような場合は省略しない。

　　⑴　文法的理由で，肩書が省略できないとき

　　⑵　省略すると名もしくは姓のみとなる場合

　　⑶　識別のために称号，尊称，敬称などが必要なとき

2.1.5.2 F　総合タイトルがない図書の場合，収録されている各著作に共通の責任表示は，すべての著作のタイトルのあとに記録するが，著作ごとに個々の責任表示があるときは，各著作のタイトルのあとにそれぞれの責任表示を記録する。

2.1.5.2 G 任意規定（古）　漢籍については，最初に王朝名を丸がっこに入れて記録し，続けて名前を記録する。

　　　　（清）呉清鎮撰

2.2　版に関する事項

2.2.0　通則

2.2.0.1（書誌的事項）　記録すべき書誌的事項とその記録順序は，次のとおりとする。

　ア）版表示

2.2 版に関する事項

イ）特定の版にのみ関係する責任表示

ウ）付加的版表示

エ）付加的版にのみ関係する責任表示

2.2.0.2（区切り記号法）　1.2.0.2を見よ。

2.2.1　版表示

2.2.1.1（版表示とするものの範囲）　版表示には，通常序数と版，または他の版との差を示す「改訂」とか「新」という語と「版」という用語が結びついた形がある。これに若干の語句が付加されていることもある。

2.2.1.1A　印刷原版，マスター等は同一であっても外装に差があり，かつ特定の版として表示されているものは版として扱う。

2.2.1.1B　版として表示されていても，実際は巻次，回次，年次等に相当する場合は，別の書誌的事項として扱う。（1.10.1.1参照）

2.2.1.1C　刷次は記録しない。ただし，刷次の表示中に特に改訂，増補等の表示があれば，これを付加的版表示として記録する。（2.2.3参照）

2.2.1.1D（古）　和古書，漢籍については，資料中の版に関する語句ではなく，その資料に用いられた版木の実際の異同について記録する。ただし，同一著作の他の複数個別資料との校合等により識別できた場合に限る。資料中の版に関する語句は，原則として，版表示としてではなく注記として記録する。（2.7.4.3イ）参照）

2.2.1.2（記録の方法）　情報源における表示のまま記録し，補記した事項は角がっこに入れる。

2.2.1.2 **別法**　次の版表示は記録しない。

ア）初版

イ）総合タイトルのない図書の各著作の版次

ウ）他の書誌的事項と結合していて，すでに他の箇所で記録されている版表示

2.2.2　特定の版にのみ関係する責任表示

2.2.2.1（責任表示とするものの範囲）　図書の特定の一つの版にのみ関係している著者など。2以上の版に関係しているが，すべての版には関係していない著者なども含める。

2.2.2.2（記録の方法）　版表示に続けて記録する。記録の方法は2.1.5.2による。

2.2.3　付加的版表示

2.2.3.1（付加的版表示とするものの範囲）　一つの版グループ中の特定版に関するあらゆる種類の版表示を含む。

第 2 章　図　書

2.2.3.2（記録の方法）　情報源における表示のまま記録する。記録の方法は 2.2.1.2 による。

2.2.4　付加的版にのみ関係する責任表示

2.2.4.1（責任表示とするものの範囲）　付加的版にのみ関係する著者等。

2.2.4.2（記録の方法）　付加的版表示に続けて記録する。記録の方法は 2.1.5.2 による。

2.3　資料（または刊行方式）の特性に関する事項

　　図書の記述においては使用しない。

2.4　出版・頒布等に関する事項

2.4.0　通則

2.4.0.1（書誌的事項）記録すべき書誌的事項と，その記録順序は次のとおりとする。

　ア）出版地，頒布地等

　イ）出版者，頒布者等

　ウ）出版年，頒布年等

　エ）製作項目（製作（印刷）地，製作（印刷）者，製作（印刷）年）

2.4.0.2（区切り記号法）　1.4.0.2 を見よ。

2.4.0.3（複製本）　複製本の場合は，記述対象とする図書の所定の情報源によって出版・頒布等に関する事項を記録するとともに，原本の出版・頒布等に関する事項を注記する。

2.4.0.4（古）（出版地，出版者と出版年の対応）和古書，漢籍については，出版地，出版者は，原則として，記録する出版年に対応するものを記録し，対応しないものは注記する。

2.4.1　出版地，頒布地等

2.4.1.1（出版地，頒布地等とするものの範囲）　所定の情報源において，出版者（もしくは頒布者）名と関連して表示されている地名（市，町，村）のことで，2 以上の出版者名があるときは，顕著な出版者名（もしくは最初の出版者名）と関連する地名である。情報源において，出版者の表示がなくても，その出版物の出版地（もしくは頒布地）として示されていることがある。

2.4.1.1A　出版地の表示がないときは，頒布地を記録する。（2.4.2.2 D 参照）

2.4.1.1B　同一出版者に 2 以上の出版地があるときは，顕著なもの，最初のものの順で，一つの出版地を選定する。2 言語以上で表示されているときは，本タイトルまたは本文の言語と一致するものを記録する。

2.4.1.1B 別法　同一出版者で出版地が 2 以上あるときは，最初に表示されているものを記録する。

2.4 出版・頒布等に関する事項

2.4.1.1C　出版者とそれに対応する出版地が2組以上表示されている場合は，顕著なもの，最初のものの順で，一つの組を選択して記録する。

2.4.1.1D（古）和古書，漢籍については，2以上の出版地があるときは，すべて記録する。

　　　　京都␣:␣勝村治右衛門␣;␣大坂␣:␣秋田屋太右衛門␣;␣江戸␣:␣和泉屋善兵衛

　ただし，現代の同一の市町村に含まれる2以上の地名は，同一の出版地として扱い，顕著なもの，最後のものの順で，一つを選択して記録することができる。（2.4.1.2A参照。2.4.2.1Dをも参照）

　　　　日本橋␣[江戸]␣:␣須原屋茂兵衛␣[ほか]
　　　　（刊記には，以下のようにあり。
　　　　　神田　北島順四郎
　　　　　日本橋　須原屋茂兵衛）

2.4.1.1D別法（古）和古書，漢籍については，出版者とそれに対応する出版地が2組以上表示されている場合は，顕著なもの，最後のものの順で，一つの組を選択して記録する。他は「[ほか]」と補記して省略する。記録しなかった出版地は注記することができる。（2.4.2.1D別法1をも参照）

2.4.1.1E　出版地と頒布地双方の表示があるときは，頒布地は原則として記録せず，必要があれば注記する。

2.4.1.1E任意規定　頒布地を出版地，出版者に続けて記録する。（2.4.2.1E任意規定参照）

2.4.1.2（記録の方法）出版地は，所定の情報源に表示されている地名を記録する。

2.4.1.2A　日本の出版地は，出版者が所在している市町村名を記録する。ただし，識別上必要があるときは，都道府県名を付記または補記する。

　（注）市名の「市」は記録しない。東京都特別区は「東京」とのみ記録する。

　（古）和古書，漢籍については，所定の情報源に表示されている地名をそのまま記録する。それが現代の市町村に含まれる場合，識別上必要があるときは，出版時の都市名，国名を補記し，また地名の別称が表記されている場合は，当時一般に用いられたものを補記する。

　　　　江戸
　　　　心斎橋␣[大坂]
　　　　（出版時の都市名を補記）
　　　　洛陽␣[京都]
　　　　（一般に用いられた都市名を補記）

2.4.1.2B　外国地名には，識別上必要があるときは，国名，州名を付記または補記する。

第 2 章　図　書

2.4.1.2 C　出版地がその図書に表示されていないときは，調査もしくは推定による出版地を角がっこに入れて記録する。出版地不明のときで，頒布地も代替情報として記録できないときは「［出版地不明］」と補記する。洋書を記述する場合は，出版地不明に対して，略語「s.l.」などを補記する。

2.4.1.2.C任意規定　外国の出版物で出版地が不明のとき，出版国の表示があれば国名を記録する。

2.4.2　出版者，頒布者等

2.4.2.1（出版者，頒布者等とするものの範囲）　記述対象の出版，頒布，公開，発行等について責任がある個人もしくは団体の名称，またはそれが識別できる表示。近代的な出版・流通制度が確立していない場合，出版関係の機能と物としての製作の機能が混在していることがあるが，このような場合は，これらの機能を果たしている個人または団体を含む。

2.4.2.1A　出版者の表示がないときは，頒布者を記録する。（2.4.2.2 D参照）

2.4.2.1B　民国以降，中国刊行の図書に併記されている出版者と発行者については，発行者を頒布者として取り扱う。

2.4.2.1C　2以上の出版者等の表示があるときは，顕著なもの，最初のものの順で一つを選択する。2言語以上の表示があるときは，本タイトルまたは本文の言語と一致するものを記録する。

2.4.2.1C任意規定　記録しなかった出版者は注記する。

2.4.2.1D（古）　和古書，漢籍については，出版地ごとに出版者を記録する。一つの出版地に2以上の出版者等の表示があるときは，顕著なもの，最後のものの順で代表とする一つを選択して記録し，他は「［ほか］」と補記して省略する。記録しなかった出版者は注記することができる。（2.4.1.1 Dをも参照）

　　　　京␣:␣上村平左衛門␣;␣江戸␣:␣萬屋清兵衛␣;␣大坂␣:␣伊丹屋太郎右衛門
　　　　京師␣:␣八尾平兵衛␣［ほか］␣;␣大坂␣:␣鹽屋長兵衛␣［ほか］␣;␣江戸␣:␣鶴屋金助␣［ほか］

2.4.2.1D別法1（古）　和古書，漢籍については，2以上の出版者等の表示があるときは，顕著なもの，最後のものの順で一つを選択して記録し，他は「［ほか］」と補記して省略する。記録しなかった出版者は注記することができる。（2.4.1.1 D別法をも参照）

2.4.2.1D別法2（古）　和古書，漢籍については，2以上の出版者等の表示があるときは，記録する出版者等の数を，書誌的記録作成機関において，その必要に応じて定める。省略して

— 20 —

2.4 出版・頒布等に関する事項

記録する場合は,「[ほか]」と補記し,記録しなかった出版者は注記することができる。

2.4.2.1E　出版者と頒布者双方の表示があるときは,頒布者は原則として記録せず,必要があれば注記する。

2.4.2.1E 任意規定　頒布者を出版地,出版者に続けて記録する。この場合,頒布地が出版地と同一のときは一方の記録を省略する。同一でないときは,出版地,出版者,頒布地,頒布者の順とし,「発売」など,頒布者の果たしている役割を示す語句を付記または補記する。

2.4.2.2（記録の方法）　出版者は,その図書に表示されている名称を記録する。ただし,出版者名に付されている法人組織を示す語などは省略する。私家版は個人名を記録する。

2.4.2.2 A（古）　和古書,漢籍の出版者は,記述対象に表示されている名称をそのまま記録する。個人名のみの場合はそれを記録し,屋号のあるものは屋号に続けて姓名の表示等をそのまま記録する。

　　　　皇都␣[京都]␣:␣伊勢屋額田正三郎

2.4.2.2B　外国の出版者名は,識別が可能な範囲で,最も簡潔な形で記録する。

2.4.2.2C　出版者と頒布者双方がその図書に表示されていないときは,「[出版者不明]」と補記する。洋書を記述する場合は,出版者不明に対して,略語「s.n.」などを補記する。

2.4.2.2D　頒布者とこれに対応する頒布地が,出版者と出版地に代わるものであるときはこれらを記録し,頒布者に「(発売)」と付記する。

　　洋書を記述する場合は,その言語の「発売者」にあたる語を用いる。

2.4.3　出版年,頒布年等

2.4.3.1（出版年,頒布年等とするものの範囲）　記述対象とする図書の属する版が最初に刊行された年を記録する。（1.4.3.1参照）

2.4.3.1 任意規定　図書に表示されている最新の出版年を付記する。

2.4.3.1A　図書に出版年の表示がないときは,頒布年を記録する。これらの表示がないときは著作権表示年を,その表示もないときは,印刷年を記録する。この場合,頒布年と印刷年の後ろには「発売」「印刷」などの役割を示す語を,著作権表示年の前には著作権を示す「c」を付加する。

2.4.3.1A 任意規定　著作権表示年が出版年と異なるときは,これを出版年に続けて記録する。

2.4.3.1B　図書に出版年と頒布年双方の表示がなく,かつ著作権表示年または印刷年の表示がないときは,序文,あとがき等に表示された年を記録し,「序」「あとがき」等の語を付加する。

第2章　図　書

洋書を記述する場合は，その言語の「印刷」「序」等に相当する語（もしくはその略語，付録2参照）を付加する。

2.4.3.1C（古）　和古書，漢籍については，刊行年を「刊」という用語を付して記録する。刊行年と判明した場合に，情報源に「刊」の表示がないときは角がっこに入れて記録する。

　　　　　天保2␣[1831]␣刊

2.4.3.1D（古）　和古書，漢籍については，刊行年とは別に印行年が判明した場合，「印」という用語を付して丸がっこに入れて付記する。印行年のみが判明した場合も，「印」という用語を付して記録する。情報源に「印」の表示がない場合は角がっこに入れて記録する。

　　　　　寛政4␣[1792]␣[刊]（文化5␣[1808]␣[印]）
　　　　　嘉永5␣[1852]␣[印]

刊行年，印行年の判別がつかない場合は，年のみを記録する。

　　　　　承応3␣[1654]
　　　　　（刊行年か印行年か不明）

2.4.3.2（記録の方法）　出版年は，それが関連する出版者，頒布者等の名称のあとに記録する。同一出版年が，2以上の出版者や頒布者などに共通するときは，最後の名称のあとに記録する。

2.4.3.2A　出版年は西暦紀年で記録する。

2.4.3.2A別法　図書に表示されている紀年をそのまま記録する。表示されている西暦紀年を付記し，表示のないときは補記する。

2.4.3.2B　出版年が2年以上にわたるときは，刊行開始の年と終了の年を包括的に示し，刊行中のときは開始年のみとする。

2.4.3.2C　不正確な出版年は角がっこに入れて補正したものを記録し，不正確な表示形は注記する。

2.4.3.2D　出版年，頒布年，著作権表示年，製作（印刷）年および序文，あとがき等に表示された年のいずれも表示がないか，不明のときは，本文等によってその図書のおおよその出版年代を推定し，これを角がっこに入れて記録する。

2.4.3.2E（古）　和古書，漢籍については，記述対象に表示されている紀年がその資料の出版年として適切な場合は，そのまま記録する。表示されている西暦紀年を付記し，表示がないときは相当する西暦紀年を補記する。

　　　　　宝暦13␣[1763]␣[刊]

2.4 出版・頒布等に関する事項

　　　　光緒 8 ␣ [1882]
　　　　天保 4 ␣ [1833] ␣ 序

　干支による表記は，可能であれば，相当する元号と年数によるその国の紀年に読み替えて記録する。干支による表記は注記することができる。読み替えできない場合は，推定による補記の扱いとする。

　　　　寛政 4 ␣ [1792]
　　　　（注記「刊記には「寛政壬子」とあり」）
　　　　至正 14 ␣ [1354] ␣ 刊
　　　　（注記「刊記には「至正甲午仲夏」とあり」）

　出版年を推定により補記する場合は，元号と年数によるその国の紀年を角がっこに入れて記録し，丸がっこに入れて西暦年を付記する。干支による表記がある場合は注記する。（2.7.4.4 ケ）参照）

　　　　[元禄 5 ␣ (1692)]
　　　　[貞享 5 ␣ (1688)]
　　　　（注記「刊記には「戊辰三月中旬」とあり」）

2.4.3.2 F（古） 和古書，漢籍については，出版年および序文，跋文等に表示された年がないか，あるいは表示されている情報が記録するのに適切でない場合は，おおよその出版年代を推定し，これを角がっこに入れて記録する。干支による表記がある場合は注記する。出版年がどうしても推定できない場合は，「[出版年不明]」と記録する。

　　　　[江戸後期]
　　　　[文化・文政頃]
　　　　[安政年間]
　　　　[清]
　　　　[江戸中期]
　　　　（注記「甲辰序あり」）

2.4.4　製作項目（製作（印刷）地，製作（印刷）者，製作（印刷）年）

2.4.4.1（製作項目とするものの範囲） 製作項目には，図書が製作（印刷）された土地の名称（製作（印刷）地），その製作（印刷）に責任を有する個人や団体の名称（製作（印刷）者），および製作（印刷）された年代，日付（製作（印刷）年）がある。

2.4.4.1 A 図書の場合，出版項目が不明のときに，これに代わるものとして記録する。（1.4.0.0 C，2.4.2.1 をも参照）

2.4.4.2（記録の方法） 出版地，出版者の位置に「[出版地不明]」「[出版者不明]」と補記し，

第2章　図　書

出版年の位置に製作（印刷）年を記録したあと，製作（印刷）地，製作（印刷）者を丸がっこに入れて記録する。製作（印刷）年には「印刷」「私製」などの語を付加する。洋書を記述する場合は，これに相当する語「printing」などを用いる。（1.4.0.2参照）

　　　出版年の代替情報として製作（印刷）年のみを記録する場合は，2.4.3.1 Aの規定による。

2.4.4.2別法　製作項目を出版項目の位置に記録し，製作（印刷）者名に「（印刷）」「（私製）」などの語句を付記する。

2.5　形態に関する事項

2.5.0　通則

2.5.0.1（書誌的事項）　記録すべき書誌的事項と，その記録順序は次のとおりとする。

　ア）ページ数，図版数等

　イ）挿図，肖像，地図等

　ウ）大きさ

　エ）付属資料

2.5.0.2（区切り記号法）　1.5.0.2を見よ。

2.5.1　ページ数，図版数等

2.5.1.1（記録するものの範囲）　図書の形態的記述では，特定資料種別は記録せず，ページ数，図版数のみを記録する。記述対象とする図書が2冊以上からなるときは冊数を記録する。

2.5.1.2（記録の方法）　ページ数，丁数，枚数，欄数は印刷されたページ付，丁付などの最終数をアラビア数字で記録し，それぞれ「p」「丁」「枚」「欄」を付加する。ページ付最終数のページのあとに印刷ページがあっても記録せず，印刷ページでなくてもページ付最終数の表示があれば，これを記録する。

2.5.1.2別法1　洋書を記述する場合は，用語をそれに相当する英語形（略語化可能な場合は付録2の略語表に従って略語化）とする。

2.5.1.2別法2　区別のために用いられているローマ数字は，そのまま記録する。

2.5.1.2A　巻もの，畳ものは，それぞれ「○軸」「○枚」と記録する。

2.5.1.2B　ページ付が2種以上に分かれた図書は，各ページ付ごとにコンマで区切って記録する。ページ付のない部分が含まれているときは，その部分のページ数をかぞえ，そのページ数を角がっこに入れて記録する。ページ数の記録が煩雑にわたるときは，「1冊」と記録する。

2.5.1.2C　ページ付のない図書は，全体のページ数をかぞえ，そのページ数を角がっこに入れ

2.5 形態に関する事項

て記録する。ページ数が大量にわたるときは，「1冊」と記録する。

2.5.1.2D 全体が一連のページ付となっているセットものの1冊や，抜刷などの場合のように，包括的な一連のページ付の途中からはじまっているページ付は，その最初（ページ付がないときは補記）と最後のページ付をハイフンで結んで記録する。この場合，ページ付を示す語「p」は数字の前に記録する。

2.5.1.2E 記述対象とする図書が2冊以上からなるときは冊数を記録する。

2.5.1.2F 図版があるときは，本文のページ数に続けて「図版」としてそのページ数または枚数を記録する。

2.5.1.2F別法 洋書を記述する場合は，英語または所定の略語（付録2参照）を用いる。

2.5.1.2G（古） 和古書，漢籍については，数量の単位として，「冊」以外の単位も使用できる。（第10章別表・付「特定資料種別の数量表示（単位名称・助数詞）について」参照）

　　ただし，巻子本・掛物類については「巻」ではなく，「軸」を用いる。また，一枚ものには「枚」を用いるが，畳もの類については「枚」ではなく，「舗」を用いる。

　　ここでは，現在の形態について記述し，原装の形態については注記することができる。合冊・分冊されて原装の冊数が変化している場合は，その詳細を注記に記録することができる。（2.7.4.5カ）参照）

2.5.2　挿図，肖像，地図等

　　挿図，肖像，地図等について記録する。必要があるときは図数を付記する。

2.5.2別法1 洋書を記述する場合は，所定の略語（付録2参照）を使用する。

2.5.2別法2 挿図，肖像，地図等を注記事項として記録する。

2.5.3　大きさ

2.5.3.1（大きさとするものの範囲） 1.5.3.1を見よ。

2.5.3.2（記録の方法） 大きさは外形の高さをセンチメートルの単位で，端数を切り上げて記録する。

2.5.3.2任意規定（古） 和古書，漢籍については，センチメートルの単位で，小数点以下1桁まで端数を切り上げて記録する。尺・寸等の単位や糎等の表記は使用しない。

2.5.3.2別法（古） 和古書，漢籍については，大きさを書型に対応させた用語等により記録する。

　　　　36丁 ; 半

2.5.3.2A 2点以上の部分からなる，大きさの異なる資料は，最小のものと最大のものをハイ

第 2 章 図 書

フンで結んで記録する。

2.5.3.2B　外形の高さが 10 cm 以下のものは，センチメートルの単位で小数点以下 1 桁まで端数を切り上げて記録する。

2.5.3.2C　縦長本，横長本，枡型本は，縦，横の長さを「×」印で結んで記録する。

2.5.3.2C任意規定（古）　和古書，漢籍については，常に縦，横の長さを「×」印で結んで記録する。また，大きさを書型に対応させた用語等を丸がっこに入れて記録することができる。

　　　　　　　　　29 丁␣；␣26.8 × 19.8 cm␣（大）

2.5.3.2D　巻ものは料紙の高さを，畳ものは拡げた形の縦，横の長さを「×」印で結んで記録する。畳ものは，折りたたんだときの外形の縦，横の長さを付記する。

2.5.4　付属資料

2.5.4.1（付属資料とするものの範囲）　ある図書と同時に刊行され，その図書とともに利用するようになっている付属物。複合媒体資料の別個の部分も含む。

2.5.4.2（記録の方法）　形態に関する事項の最後に，その付属資料の特性を示す語句（資料種別や特定資料種別などの用語を可能な限り使用する）を記録する。必要に応じて数量，大きさ等を付記する。

2.5.4.2別法1　洋書を記述する場合は，英語または所定の略語（付録2参照）を用いる。

2.5.4.2別法2　付属資料を注記事項として記録する。

2.6　シリーズに関する事項

2.6.0　通則

2.6.0.1（書誌的事項）　記録すべき書誌的事項と，その記録順序は次のとおりとする。

　ア）本シリーズ名

　イ）並列シリーズ名

　ウ）シリーズ名関連情報

　エ）シリーズに関係する責任表示

　オ）シリーズの ISSN（任意規定による事項）

　カ）シリーズ番号

　キ）下位シリーズの書誌的事項

2.6.0.2（区切り記号法）　1.6.0.2 を見よ。

2.6.0.3（2以上のシリーズ表示）　図書が複数のシリーズに属している場合は，それぞれのシリーズの書誌的事項を記録する。（1.6.0.3 参照）

2.6 シリーズに関する事項

2.6.1　本シリーズ名

2.6.1.1（本シリーズ名とするものの範囲）　所定の情報源に表示されている，シリーズ固有の名称。

2.6.1.1A　シリーズに関する事項に記録する本シリーズ名は，単行書の上位書誌レベルの図書を記述対象とした場合に選定する本タイトルと一致させる。（2.1.1.1参照）

2.6.1.2（記録の方法）　本シリーズ名は，その図書に表示されている形で記録する。（1.6.1.2参照）

2.6.2　並列シリーズ名

2.6.2.1（並列シリーズ名とするものの範囲）　本シリーズ名の別言語および別の文字（またはその一方）のシリーズ名。（2.1.3.1参照）

2.6.2.2（記録の方法）　本シリーズ名に続けて記録する。

2.6.2.2 別法　日本語と外国語のシリーズ名があるときは，日本語のシリーズ名のみを記録し，外国語のシリーズ名は注記する。

2.6.3　シリーズ名関連情報

2.6.3.1（シリーズ名関連情報とするものの範囲）　本シリーズ名の関連情報。

2.6.3.1A　シリーズに関係する版表示は，シリーズ名関連情報として記録する。

2.6.3.2（記録の方法）　本シリーズ名に対する必要な補足となる場合で，図書に表示されているときに記録する。

2.6.4　シリーズに関係する責任表示

2.6.4.1（シリーズに関係する責任表示とするものの範囲）　シリーズに関係する責任表示のすべて。

2.6.4.2（記録の方法）　総称的なシリーズ名の場合は記録する。それ以外のときは，当該シリーズの識別上必要であり，かつ図書に表示されているときに記録する。

2.6.4.2 別法　責任表示は注記する。

2.6.5　シリーズのISSN（任意規定）

2.6.5.1（シリーズのISSNとするものの範囲）ISSNネットワークが当該シリーズに付与するISSN。

2.6.5.2（記録の方法）　ISSNが判明した場合，当該規格の標準的な方法で記録する。（13.8.1.2参照）

2.6.6　シリーズ番号

第2章 図　書

2.6.6.1（シリーズ番号とするものの範囲）　図書の，シリーズ内における番号づけ。番号の前後に，それを修飾する語句がついているものもある。

2.6.6.2（記録の方法）　図書に表示されている形で記録するが，略語表（付録2）に従って略語化できる。数字は原則としてアラビア数字とする。ただし，識別のために二様以上の数字を用いる必要があるときは，そのままの形で記録する。

2.6.6.2A　2以上の巻号が連続するときは，最初と最後の巻号を記録し，連続していないときは列記するか，または「○○○［ほか］」とする。

2.6.7　下位シリーズの書誌的事項

2.6.7.1（下位シリーズ名とするものの範囲）　本シリーズ名の下位書誌レベルのシリーズ名で，図書に本シリーズ名とともに表示されているもの。下位シリーズ名は，本シリーズ名と密接に関連していることも，関連していないこともある。

2.6.7.2（記録の方法）　本シリーズに関係する事項のあとに続けた形で記録する。

2.6.7.2別法　下位シリーズの書誌的事項をシリーズに関する事項に記録し，上位シリーズに関する事項は注記する。

2.6.7.2A　下位シリーズの並列シリーズ名，シリーズ名関連情報，責任表示は，識別上必要であると判断された場合にのみ記録する。

2.6.7.2B　下位シリーズ内の番号づけの記録は2.6.6.2による。

2.7　注記に関する事項

2.7.0　通則

2.7.0.1（書誌的事項）　記録すべき注記とその記録順序は1.7.3による。

2.7.0.2（区切り記号法）　1.7.0.2を見よ。

2.7.1　注記

2.7.1.1（注記とするものの範囲）　注記は，目録作成機関が各書誌的事項の記述に説明を加える必要があると認めたときに記録する。また，その図書の記述に関連する内容についても必要があれば記録する。（1.7.0.0，1.7.1.1参照）

2.7.2　記録の方法

　　2以上の注記があるときは，それらが関連する書誌的事項の記録順序（すなわち，タイトル，責任表示，版表示……の順）に従って，記録の順序を定める。ただし，誤記，誤植に関する注記のように，タイトル以下の特定事項に属さない注記はその内容にかかわらず，最初に記録する。

2.7.2.1（特定事項に関する2以上の注記） 特定の事項に関する2以上の注記は，一括して記録することができる。（例：複製本の原本に関する一連の注記）

2.7.3 注記の種類（和古書，漢籍を除く）

2.7.3.0 （下記の特定事項に属さない注記）
- ア）書誌的事項の誤記，誤植を正しい形に訂正して記録したときは，もとの形を注記する。
- イ）著作の様式および言語に関する注記
- ウ）その他記述一般に関する注記

2.7.3.1 （タイトルに関する注記）
- ア）タイトルの情報源　情報源によってタイトルの表示が異なるときは，記録したタイトルの情報源（標題紙を除く）と，記録しなかった他のタイトルおよび情報源を注記する。（2.1.1.1 Eの例参照）
- イ）並列タイトル　日本語タイトルと外国語タイトルのときは「○○語のタイトル：␣……」と注記する。（2.1.3.2 別法の例参照）
- ウ）翻訳書の原タイトル　翻訳の対象となった，並列タイトルとして記録しなかった原タイトルを注記する。（2.1.3.2 別法の例参照）
- エ）長いサブタイトル（2.1.4.2 別法の例参照）
- オ）別冊である続編，補遺，索引の正編または本編のタイトル（2.1.1.1 Bの例参照）

2.7.3.2 （責任表示に関する注記）
- ア）情報源によって異なる責任表示　記録しなかった責任表示とその情報源を注記する。（2.1.5.2 Aの例参照）
- イ）図書以外の情報源による責任表示　著者名等とその情報源を示す。（2.1.5.1 Bの例参照）
- ウ）記録する必要がある監修者等　標題紙等に表示されているときは注記する。（2.1.5.1 別法参照）
- エ）責任表示に記録しなかった著者（2.1.5.1 E任意規定参照）

2.7.3.3 （版および書誌的来歴に関する注記）
- ア）版および書誌的来歴　その図書とその図書の他の版または他の図書との関係を説明する必要があるときは注記する。
- イ）複製本の原本　複製された原本の標題紙等についての必要事項を注記する。（2.4.0.3 参照）

第2章 図書

2.7.3.4（出版・頒布等に関する注記）

ア）出版・頒布等に関する事項には記録しなかった他の出版者　その図書の他の出版者について説明する必要があるときは注記する。（2.4.2.1 C 任意規定の例参照）

イ）頒布者，発売者等（2.4.2.1 E 参照）

2.7.3.5（形態に関する注記）

ア）ページ数について説明する必要があるときは注記する。（2.5.1.2 参照）

イ）挿図，肖像，地図等について説明する必要があるときは注記する。（2.5.2 参照）

ウ）大きさについて説明する必要があるときは注記する。（2.5.3 参照）

エ）付属資料　注記するときは最初に「付属資料」と記録し，付属資料が独立のページ付，異なった種類の図版，異なった大きさをもつときは，これを付記する。（2.5.4.2 別法2参照）

オ）形態的に独立した，付属資料としては扱わない付録，解説等が含まれているときは注記する。

カ）印刷，複写の種類について説明する必要があるときは注記する。

キ）装丁について説明する必要があるときは注記する。

2.7.3.6（シリーズに関する注記）

ア）複製本の原本の属していたシリーズ名　複製本の原本がかつてシリーズ中の一部として刊行されていたことを説明する必要があるときは，これを注記する。

イ）並列シリーズ名（2.6.2.2 別法参照）

ウ）シリーズの編者等（2.6.4.2 別法参照）

エ）上位シリーズ名（2.6.7.2 別法参照）

2.7.3.7（内容に関する注記）

ア）内容細目　最初に「内容：␣」と記録し，続けてタイトル，責任表示を図書の表示に従って列記する。

イ）その図書に書誌，年譜，年表および付録，解説等が含まれているときは注記する。

ウ）その図書について解題する必要があるときは注記する。

2.7.4（古）　注記の種類（和古書，漢籍）

2.7.4.0（古）（下記の特定事項に属さない注記）

ア）書誌的事項の誤記，誤植を正しい形に訂正して記録したときは，もとの形を注記する。

イ）著作の様式および言語に関する注記

2.7 注記に関する事項

ウ）記述対象の特徴，性質を示す，書誌学的な立場での通称

　　　春日版
　　　古活字本
　　　宋版
　　　蒙古刊本

エ）本文の系統等，その資料の性質を特定できる情報がある場合，説明する必要があるときは注記する。

　　　原刻本

オ）その他記述一般に関する注記

カ）利用の条件に関する注記

　　　閲覧のみ許可，複写は不可

2.7.4.1（古）（タイトルに関する注記）

ア）タイトルの情報源　記録したタイトルの情報源（巻頭を除く）と，記録しなかった他のタイトルおよび情報源を注記する。（2.0.3.2 A参照）

　　　本タイトルは序首による

イ）長いサブタイトル（2.1.4.2別法の例参照）

ウ）別冊である続編，補遺，索引の正編または本編のタイトル（2.1.1.1 Bの例参照）

エ）題簽・外題について必要があるときは転記し，その位置や様式等についても記録する。書き題簽，書き外題は，その旨を注記する。

　　　題簽左肩双辺黄紙「新版絵入　花色紙襲詞」」（「新版絵入」は角書）
　　　題簽中央後補墨書「焦尾琴　風」
　　　外題左肩後補墨書「平家物語巻第一（～十二）」
　　　絵題簽「唯頼大悲智慧話上（～下）」

オ）目録担当者が決定したタイトルを補記したときは，その旨を注記する。（2.1.1.2 B参照）

カ）書誌的巻数にかかわる存巻ないし欠巻の詳細

　　記述対象が完全でないときは，その存巻ないし欠巻の詳細を注記する。（2.1.1.1 A参照。2.7.4.5 ケ）をも参照）

　　　存巻：␣疏下・牒下
　　　欠巻：␣第4，補

2.7.4.2（古）（責任表示に関する注記）

ア）情報源によって異なる責任表示　記録しなかった責任表示とその情報源を，必要がある

第2章　図　書

　　ときは注記する。（2.1.5.2 Aの例参照）

イ）記述対象以外の情報源による責任表示　補記した場合，説明する必要があるときはその情報源を注記する。（2.1.5.1 C参照）

ウ）記録する必要がある監修者等　所定の情報源に表示されているときは注記する。（2.1.5.1 別法参照）

エ）責任表示に記録しなかった著者（2.1.5.1 E任意規定参照）

2.7.4.3（古）（版および書誌的来歴に関する注記）

ア）版および書誌的来歴　その記述対象と，その記述対象の他の版または他の記述対象との関係を説明する必要があるときは，注記する。

イ）資料中の版に関する語句を注記する。（2.2.1.1 D参照）

2.7.4.4（古）（出版・頒布・製作等に関する注記）

ア）出版・頒布等に関する事項には記録しなかった他の出版者　その記述対象の他の出版者について説明する必要があるときは注記する。（2.4.2.1 D参照）

イ）頒布者，発売者等（2.4.2.1 E参照）

ウ）蔵者，蔵版印等について説明する必要があるときは注記する。

　　　　見返しに「青藜閣蔵版」とあり
　　　　刊記中「詩僊堂」に蔵版印あり
　　　　刊記中「須原屋茂兵衛」に版元印あり
　　　　見返しに魁星印あり

エ）広告，蔵版目録や，発行印（出版者標章等も含む）等を情報源とした場合，情報源を記録する。また記述対象以外からの情報を補記した場合，説明する必要があるときは注記する。

オ）出版事項の情報源である刊記等を，必要があるときは転記する。

　　　　刊記に「寛文三稔癸卯」「長尾平兵衛開板」とあり

カ）初刷ではなく，印行年（刷年）が不明であるが，後刷であることが明らかなときは，「後印本」と注記する。

キ）後修本であるときは，その旨を注記する。

ク）覆刻本であるときは，その旨を注記する。

ケ）干支による表記を記録する。（2.4.3.2 E参照）

　　　　甲辰序あり

2.7 注記に関する事項

コ）製作，印刷等について説明する必要があるときは注記する。

   石印本
   銅版
   銅活字版
   拓本

2.7.4.5（古）（形態に関する注記）

ア）丁数について説明する必要があるときは注記する。（2.5.1.2 参照）

イ）挿図，肖像，地図等について説明する必要があるときは注記する。（2.5.2 参照）

ウ）大きさについて説明する必要があるときは注記する。（2.5.3 参照）

エ）付属資料　注記するときは最初に「付属資料」と記録し，付属資料が独立の丁付，異なった種類の図版，異なった大きさをもつときは，これを付記する。（2.5.4.2 別法2参照）

オ）形態的に独立した，付属資料としては扱わない付録，解説等が含まれているときは注記する。

カ）装丁

 袋綴じ以外の装丁について記録する。（2.5.1.2 G参照）

 袋綴じの様式について説明する必要があるときは注記する。

   三つ目綴じ
   康熙綴じ
   亀甲綴じ

 帙，箱等について説明する必要があるときは注記する。

   箱入り
   色刷絵入書袋あり

 原装について説明する必要があるときは注記する。（2.5.1.2 G参照）

キ）版式，版面

 匡廓，界線，行数，字数，版心について，説明する必要があるときは注記する。

   二段本
   四周単辺有界8行18字，␣双魚尾
   四周双辺有界黒口花魚尾

ク）料紙，表紙について説明する必要があるときは注記する。

   色変り料紙
   表紙は原装

ケ）残欠・破損について説明する必要があるときは注記する。

第2章 図 書

記述対象が完全でないときは，その残欠・破損の状況を注記する。冊単位，丁単位の欠損等，あるいは表紙の欠損等について記録する。（2.7.4.1 カ）をも参照）

   巻1，3に目録なし，␣巻1初丁表，␣巻6第13丁裏以降を欠く
   巻24第20丁は重複

コ）虫損等で保存状態がよくないものや補修があるものについて，説明する必要があるときは注記する。

   虫損あり（裏打ち補修あり）
   破損・汚損あり

2.7.4.6（古）（内容に関する注記）

ア）内容細目　最初に「内容：␣」と記録し，続けてタイトル，責任表示を記述対象の表示に従って列記する。

イ）その記述対象に書誌，年譜，年表および付録，解説等が含まれているときは注記する。

ウ）その記述対象について解題する必要があるときは注記する。

2.7.4.7（古）（注・訓点・識語・書き入れ等に関する注記）

ア）記述対象中の注について説明する必要があるときは，表示の位置も含めて注記する。

   頭注あり
   割注あり

イ）本文に付された訓点等について説明する必要があるときは，漢字，片かな，平がなの別とともに注記する。

   付訓あり，␣右傍：␣片かな付訓，␣左傍：␣平がな付訓

ウ）謡本等で，本文の横に付された記号について，説明する必要があるときは注記する。

   節付記号あり

エ）識語，書き入れ，補写，筆彩等について，説明する必要があるときは注記する。

   識語「安永四年末九月廿五日はしめてよむ／小雲泉主人」
   朱墨の書き入れあり
   図版の一部に後人の着彩あり

オ）付箋，貼りこみ等について説明する必要があるときは注記する。

   宣長自筆付箋多数あり
   文中和歌に黄と青の押紙あり
   「是より奥写に不見」との付箋あり

2.7.4.8（古）（伝来に関する注記）

ア）記述対象中の印記について説明する必要があるときは注記する。所蔵（使用）者が判明した場合は付記する。最初に「印記：␣」と記録し，かぎかっこ（「　」）に入れて印文を記録する。文字が使用されていない印記は，形を記録する。

   印記：␣「南葵文庫」
   印記：␣「林文庫」,␣「北總林氏藏」（2印とも林泰輔）
  だるま形の蔵書印あり

 判読できないものは，「蔵書印あり」と記録し，複数ある場合はその数を記録する。
   蔵書印3印あり

イ）旧蔵者，伝来が判明した場合，必要があるときは注記する。

   清水浜臣旧蔵

2.8 ISBN，入手条件に関する事項

2.8.0 通則

2.8.0.1（書誌的事項）　記録すべき書誌的事項と，その記録順序は次のとおりとする。

ア）ISBN

イ）入手条件・定価（任意規定による事項）

2.8.0.2（区切り記号法）　1.8.0.2を見よ。

2.8.1 ISBN

2.8.1.1（ISBNとするものの範囲）　日本図書コードのうちISBNの文字を冠した部分およびその他の国で付与されたISBN。

2.8.1.1A　その図書に2以上の国別記号をもつISBNが表示されているときは，日本の国別記号(4)をもつISBNを記録する。

2.8.1.1A任意規定　日本以外の国別記号をもつISBNも，必要に応じて記録する。

2.8.1.1B　その図書がセットものに属するときは，単行書のISBNを記録し，次にセットもの全体に付与されたISBNを「(セット)」と付加して記録する。

2.8.1.2（記録の方法）　最初に「ISBN」と記録し，続けて10桁の数字を，国別記号，出版者記号，書名記号，チェック数字の間にハイフンを入れて記録する。

2.8.1.2任意規定　不正確な番号が図書に表示されていても，正しい番号が判明すればこれを記録し，不正確な番号は，「［エラーコード］」と冒頭に補記して記録する。

2.8.3 入手条件・定価（任意規定）

2.8.3.1（記録するものの範囲）　図書に表示されているままの定価および（または）その図書

第 2 章 図 書

の入手可能性を示す語句もしくは数字による表現。

2.8.3.2（記録の方法）

2.8.3.2A 定価は，ISBN に続けて，通貨の略語を冠して記録する。

2.8.3.2B 定価と特価の双方があるときは定価を記録する。

2.8.3.2C 非売品か無償であるときは，その旨を記録する。

第3章
書写資料

3.0 通則
3.0.1 記述の範囲
3.0.2 記述の対象とその書誌レベル
3.0.3 記述の情報源
3.0.4 記述すべき書誌的事項とその記録順序
3.0.5 記述の精粗
3.0.6 記録の方法

3.1 タイトルと責任表示に関する事項
3.1.1 本タイトル
3.1.2 資料種別(任意規定)
3.1.3 並列タイトル
3.1.4 タイトル関連情報
3.1.5 責任表示

3.2 版に関する事項
3.2.1 版表示
3.2.2 特定の版にのみ関係する責任表示

3.3 資料の特性に関する事項

3.4 製作に関する事項
3.4.1 書写地
3.4.2 書写者
3.4.3 書写年

3.5 形態に関する事項
3.5.1 資料の数量
3.5.2 挿図,肖像,地図等
3.5.3 大きさ
3.5.4 付属資料

3.6 シリーズに関する事項

3.7 注記に関する事項
3.7.1 注記
3.7.2 記録の方法
3.7.3 注記の種類

3.8 標準番号,入手条件に関する事項

第3章　書写資料

3.0　通則

この章では，写本，手稿などの書写資料の記述について規定する。また，その複製物をも対象とする。主として日本語で書かれた資料を対象とするが，洋書にも適用できる。

文書・記録類の整理については，特に資料の原秩序を尊重し，資料の目的・機能やそれに伴う形成の状態について配慮した，文書館・史料館における整理の基準を参考とする。

3.0.1　記述の範囲

ある書写資料を他の書写資料から同定識別する第1の要素はタイトルである。しかし，同一タイトルの他の書写資料から，あるいは同一著作の他の写しや版からその書写資料を同定識別するためには，責任表示，製作等に関する事項，形態に関する事項等も記録しておく必要がある。また，その書写資料の付属資料や内容細目なども記録することがある。

3.0.2　記述の対象とその書誌レベル

書写資料については，個別資料または個別資料の集合ごとに，別の記述を作成する。1.0.2の規定による。

3.0.3　記述の情報源

3.0.3.1（記述の情報源）　記述は原則として，その書写資料に表示されている事項をそのまま記録する。記述のよりどころとすべき情報源は，次の優先順位による。

ア）明治以降の資料
　(1)　標題紙，奥付，表紙
　(2)　巻頭，見出し
　(3)　本文およびその資料本体
　(4)　帙，箱等の容器
　(5)　その資料以外の情報源

イ）江戸時代までの資料
　(1)　資料本体
　(2)　箱・帙等の容器
　(3)　その資料以外の情報源

3.0.3.1A　個別資料の集合については，記述のよりどころとすべき情報源は，次の優先順位による。

ア）その資料の集合全体
イ）帙，箱等の容器

ウ）その資料の集合以外の情報源

3.0.3.1B　複製物はその原資料ではなく，複製物自体を情報源とする。

3.0.3.2（各書誌的事項の情報源）　各書誌的事項の情報源は，次のとおりとする。

　ア）タイトルと責任表示

　　標題紙または表紙のあるもの：標題紙，奥付，表紙

　　　ただし，江戸時代までの資料は次のとおりとする。情報源の選択にあたっては，時代，ジャンルあるいは造本等の事情を考慮する。

　　　(1)　巻頭，見出し，題簽，表紙

　　　(2)　目首，自序，自跋，巻末

　　　(3)　奥書，見返し，扉，著者・編者以外の序跋

　　　(4)　小口書，識語等

　　標題紙および表紙のないもの：巻頭，見出し

　　巻頭，見出し以外をタイトルの情報源とした場合には，注記にその情報源を示す。

　イ）版……ア）に同じ

　ウ）製作事項

　　標題紙または表紙のあるもの：標題紙，奥付，表紙

　　　ただし，江戸時代までの資料は次のとおりとする。情報源の選択にあたっては，時代，ジャンルあるいは造本等の事情を考慮する。

　　　　奥書，見返し，扉，序，跋，識語等

　　標題紙および表紙のないもの：巻頭，見出し

　エ）形態……その資料本体から

　オ）注記……どこからでもよい

3.0.3.2A　記述対象とする資料によるべき情報源がない場合は，参考資料をはじめとして，可能な限りの情報源を調査して，必要な書誌的事項に関する情報を入手し，これを記録する。

3.0.3.2B　所定の情報源以外から得た書誌的事項は，補記の事実を示すため角がっこに入れて記録する。必要があるときは，注記で情報の出典を示す。

3.0.4　記述すべき書誌的事項とその記録順序

　　記述すべき書誌的事項とその記録順序は，次のとおりとする。

　ア）タイトルと責任表示に関する事項

　　　(1)　本タイトル

第3章　書写資料

　　(2)　資料種別（任意規定による事項）

　　(3)　並列タイトル

　　(4)　タイトル関連情報

　　(5)　責任表示

イ）版に関する事項

　　(1)　版表示

　　(2)　特定の版にのみ関係する責任表示

ウ）資料の特性に関する事項（使用しない）

エ）製作に関する事項

　　(1)　書写地

　　(2)　書写者

　　(3)　書写年

オ）形態に関する事項

　　(1)　資料の数量

　　(2)　挿図, 肖像, 地図等

　　(3)　大きさ

　　(4)　付属資料

カ）シリーズに関する事項

キ）注記に関する事項

ク）標準番号，入手条件に関する事項（使用しない）

3.0.5　記述の精粗

　　以下に，記述の精粗について，必須，標準，詳細の別による3水準を示す。各図書館はその実情に応じて，これらに若干の書誌的事項を加えることができる。

ア）第1水準　必須の書誌的事項

　　　　本タイトル␣／␣最初の責任表示.␣—␣製作年.␣—␣資料の数量

イ）第2水準　標準の書誌的事項

　　　　本タイトル␣［資料種別］␣：␣タイトル関連情報␣／␣責任表示.␣—␣版表示.␣—␣製作地␣：␣製作者,␣製作年.␣—␣資料の数量␣：␣挿図等␣；␣大きさ␣＋␣付属資料.␣—␣注記

ウ）第3水準　この章において規定するすべての書誌的事項

3.0 通則

3.0.6 記録の方法

3.0.6.1 （転記の原則） 書写資料を記述するとき，次の書誌的事項は，原則としてその資料に表示されているままに記録する。

　ア）タイトルと責任表示に関する事項

　イ）版に関する事項

　ウ）製作に関する事項

3.0.6.1A　ローマ字，キリル文字などを用いる洋資料を記述する場合，タイトルと責任表示に関する事項以外は，規定の略語（付録2参照）を使用するが，次に示す略語は，ローマ字を用いる言語による記述に使用する。ローマ字以外の言語では，これらに相当する略語を用いる。

　　　　et al. ＝ほか

　　　　s.l. ＝製作地不明

　　　　s.n. ＝製作者不明

3.0.6.2 （目録用の言語・文字）　1.0.6.2を見よ。

3.0.6.3 （文字の転記）　2.0.6.3を見よ。

3.0.6.4 （数字の記録）　1.0.6.4を見よ。

3.0.6.5 （再現不能の記号等の記録）　2.0.6.5を見よ。

3.0.6.6 （誤記）　1.0.6.6を見よ。

3.0.6.7 （ISBD区切り記号法）　1.0.6.7を見よ。

3.0.6.8 （記入における記述の記載位置）　1.0.6.8を見よ。

3.1 タイトルと責任表示に関する事項

3.1.0 通則

　1.1.0を見よ。

3.1.1 本タイトル

3.1.1.1 （本タイトルとするものの範囲）　2.1.1.1を見よ。

3.1.1.2 （記録の方法）　原則として，その資料の所定の情報源に表示されているままに転記する。本タイトルの一部分が2行書き，または小さな文字で表示されていても，1行書きとし，全部同じ大きさの文字で記録する。

　　　　浩軒公勧学説␣／␣浩軒␣［著］
　　　　　（外題に「浩軒公勧学説」とあり，「浩軒公」は小さな文字）

第3章 書写資料

　　　　社寺緊要諸布告布達摘録
　　　　（扉題で，「社寺」と「緊要」が角書）

3.1.1.2A　ルビは，それが付されている語の直後に丸がっこに入れて付記する。

　　　　味酒␣（マサケ）␣講記␣／␣大山為起␣[著]
　　　　今物語国の顕言␣（オキゴト）␣／␣斉藤義彦[著]

3.1.1.2B　書写資料のどこにもタイトルの表示がないときは，適切な情報源による本タイトルか，目録担当者が決定した簡潔で説明的な本タイトルを補記する。補記に際しては，次のようにタイトルを付け記録する。また目録担当者が決定した旨を注記する。

ア）資料の様式あるいは内容を表す簡潔なタイトル

　　　　[日記]
　　　　[文久二年句合]␣／␣甘泉亭主人[編]
　　　　[書簡]␣昭和廿六年十一月十日　熱海␣[より]␣京都　暁烏敏␣[宛]␣／␣徳富猪一郎[差出]
　　　　[講義録]␣東京帝国大学文学部国文科
　　　　[富士谷御杖短冊]

イ）著作の知られているタイトルか，本文の冒頭の語句を表すタイトル

　　　　[歌の秘書]
　　　　[徒然草]
　　　　[遊女手鑑]
　　　　[模様染図案]
　　　　[観立行観行相似]

3.1.1.2C　合集のタイトル等で所定の情報源にその資料全体の総合タイトルが表示されていて，同時にその資料に収録されている著作それぞれのタイトルが表示されているときは，その総合タイトルを本タイトルとして記録し，それぞれの著作のタイトルは内容細目として注記の位置に記録する。（2.7.3.7ア），2.7.4.6ア）参照）

　　ただし，江戸時代までの資料については，資料の内容をなす各著作のタイトルは，所定の情報源における表示の有無にかかわらず，内容細目として注記の位置に記録する。

3.1.1.2D　資料全体に対応する総合タイトルがなく，資料の内容をなす各著作のタイトルが表示されているときは，これらのタイトルを所定の情報源に表示されている順で列記する。（2.1.5.2F参照）

　　ただし，江戸時代までの資料については，資料の内容をなす各著作のタイトルを，次のいずれかの方式により記録する。

— 42 —

3.1 タイトルと責任表示に関する事項

ア）それぞれの著作のタイトルを列記する。

　　　　かも␣；␣あしかり␣；␣ゆや␣；␣うとう␣；␣みわ

イ）総合タイトルを補記する。適切な情報源等により目録担当者が決定した総合タイトルを補記するか，または，内容をなす著作のうち主要な著作のタイトルを総合タイトルとみなして記録する。内容をなす各著作のタイトルは内容細目として注記の位置に記録する。

3.1.2 資料種別（任意規定）

1.1.2 を見よ。

3.1.3 並列タイトル

1.1.3 を見よ。

3.1.4 タイトル関連情報

3.1.4.1（タイトル関連情報とするものの範囲）　1.1.4.1 を見よ。

3.1.4.2（記録の方法）　タイトル関連情報は，それのかかわる本タイトル（並列タイトルの記録が先行する場合は，並列タイトル）に続けて記録する。同一著者の2以上の本タイトルに共通するタイトル関連情報は，最後の本タイトルに続けて記録する。

　　　　栄華物語系図␣：␣自帝王至源氏

3.1.4.2 別法　長いタイトル関連情報は注記する。

　　　　濤青山月の景清
　　　　（注記「タイトル関連情報：␣秋風副る琵琶の音は冷々として子を思ふ夜の鶴」）

3.1.4.2A　2以上のタイトル関連情報があるときは，所定の情報源における表示のままの順で記録する。

3.1.5 責任表示

3.1.5.1（責任表示とするものの範囲）　2.1.5.1 を見よ。

3.1.5.2（記録の方法）　2.1.5.2 を見よ。

3.2 版に関する事項

3.2.0 通則

1.2.0 を見よ。

3.2.1 版表示

3.2.1.1（版表示とするものの範囲）　書写資料には出版物における版はないが，一つの書写資料にいくつかの稿が存在することがあり，それによって書写資料を区別できることがある。ただし，江戸時代までの資料については，同一著作の他の複数個別資料との校合等により識

第3章　書写資料

別できた場合に限る。

3.2.1.2（記録の方法）　1.2.1.2の規定による。

　　　　第2稿
　　　　［増訂稿本］

3.2.2　特定の版にのみ関係する責任表示

　　1.2.2を見よ。

3.3　資料の特性に関する事項

　　書写資料の記述においては使用しない。

3.4　製作に関する事項

3.4.0　通則

3.4.0.0（記述の意義）　書写資料には，本来出版項目は存在しないが，その資料の作成された場所，作成者，作成年を記録することによって，当該資料の局地性や内容の判定に役立たせることができる。

3.4.0.1（書誌的事項）　記録すべき書誌的事項とその記録順序は次のとおりとする。

　ア）書写地

　イ）書写者

　ウ）書写年

3.4.0.2（区切り記号法）

　ア）製作に関する事項の前には，ピリオド，スペース，ダッシュ，スペース（.␣—␣）を置くか，または改行して区切り記号を用いない。

　イ）書写者の前には，スペース，コロン，スペース（␣:␣）を置く。

　ウ）書写年の前には，コンマ，スペース（,␣）を置く。

　　　　.␣—␣書写地␣:␣書写者,␣書写年

3.4.0.3（複製物）　1.4.0.0Eを見よ。

3.4.1　書写地

3.4.1.1（書写地とするものの範囲）　記述対象とする資料に表示されている，その資料が書写された地名である。

3.4.1.2（記録の方法）　書写地は，所定の情報源に表示されている地名を記録する。言語によっては地名が格変化していることがあるが，このような場合もそのまま記録する。

3.4.1.2別法　書写地は，これを記録しない。ただし，必要に応じ注記する。

3.4 製作に関する事項

3.4.1.2A 日本の書写地は，書写者が所在している市町村名を記録する。ただし，識別上必要があるときは，都道府県名を付記または補記する。

　（注）市名の「市」は記録しない。東京都特別区は「東京」とのみ記録する。

　ただし，江戸時代までの資料については，所定の情報源に表示されている地名をそのまま記録する。それが現代の市町村に含まれる場合，識別上必要があるときは，書写当時の都市名，国名を補記し，また地名の別称が表記されている場合は，当時一般に用いられたものを補記する。

　　　　江戸
　　　　寺町␣[京都]
　　　　（書写当時の都市名を補記）
　　　　江府␣[江戸]
　　　　（一般に用いられた都市名を補記）

3.4.1.2B 外国地名には，識別上必要があるときは，国名，州名を付記または補記する。

3.4.1.2C 書写地がその資料に表示されていないときは，調査もしくは推定による書写地を角がっこに入れて記録する。書写地不明のときは「[書写地不明]」と補記する。

　洋資料を記述する場合は，書写地不明に対して，略語「s.l.」などを補記する。

3.4.1.2C任意規定　外国の資料で書写地が不明のとき，書写した国の表示があれば国名を記録する。

3.4.2　書写者

3.4.2.1（書写者とするものの範囲）　記述対象に表示されているその資料の書写に責任を有する個人や団体の名称，またはそれが識別できる表示。

3.4.2.2（記録の方法）　記述対象に表示されている名称等を記録する。

3.4.2.2A　書写者は，「写」という用語を付して記録する。また，自筆であると判明した場合は，「自筆」という用語を付して記録する。書写者が不明のときは，「[書写者不明]」と補記する。

　　　　吉隆␣[写]
　　　　藤原成元␣[自筆]

3.4.2.2A別法　書写者は，これを記録しない。ただし，必要に応じ注記する。（3.4.3.2Fをも参照）

3.4.3　書写年

3.4.3.1（書写年とするものの範囲）　記述対象とする資料が書写された年（および月日など）。

第 3 章　書写資料

3.4.3.2（記録の方法）　書写年は，書写地または書写者に続けて記録する。

3.4.3.2A　明治以降の資料については，書写年は西暦紀年で記録し，他の暦年は必要があるときは付記または補記する。

　　　　1916 ␣ [大正 5]

3.4.3.2B　明治以降の資料については，書写年の記載および序文，跋文等に表示された年がないか，あるいは表示されている情報が記録するのに適切でない場合は，おおよその書写年代を推定し，これを西暦紀年で角がっこに入れて記録する。

　　　　[1900 頃]

3.4.3.2B別法　明治以降の資料については，資料に表示されている紀年をそのまま記録する。表示されている西暦紀年を付記し，表示のないときは補記する。

3.4.3.2C　江戸時代までの資料については，表示されている紀年が書写年として適切な場合は，そのまま記録する。表示されている西暦紀年を付記し，表示がないときは，相当する西暦紀年を補記する。

　　　　文政元 ␣ [1818]
　　　　寛永 14 ␣ [1637]
　　　　慶応 2 ␣ [1866]序

干支による表記は，可能であれば，相当する元号と年数によるその国の紀年に読み替えて記録する。干支による表記は注記することができる。読み替えができない場合は，推定による補記の扱いとする。

　　　　享保 10 ␣ [1725]
　　　　（注記「奥書には「享保乙巳」とあり」）

書写年を推定により補記する場合は，元号と年数によるその国の紀年を角がっこに入れて記録し，丸がっこに入れて西暦年を付記する。干支による表記がある場合は注記する。

　　　　[正保 3 ␣ (1646)]
　　　　[明和 8 ␣ (1771)]
　　　　（注記「奥書に「辛卯」とあり」）

3.4.3.2D　江戸時代までの資料については，書写年の記載および序文，跋文等に表示された年がないか，あるいは表示されている情報が記録するのに適切でない場合は，おおよその書写年代を推定し，これを角がっこに入れて記録する。干支による表記がある場合は注記する。書写年がどうしても推定できない場合は，「[書写年不明]」と補記する。

　　　　[江戸初期]

3.4 製作に関する事項

　　　　［天文頃］
　　　　［慶長年間］
　　　　［江戸中期］
　　　（注記「壬辰序あり」）

3.4.3.2E　書写年が2年以上にわたるときは，書写開始の年と終了の年をハイフンで結び包括的な記録とする。

　　　　1906-1909
　　　　文化6-文政9␣[1809-1826]

3.4.3.2F　書写者を省いた場合，書写年のあとに書写の表示があればそのまま記録し，それが表示されていない場合は，「［写］」を付記または補記して記録する。(3.4.2.2A別法をも参照)

　　　　大阪,␣1928␣[写]
　　　　江戸,␣文政12␣[1829]␣[写]

3.5　形態に関する事項

3.5.0　通則

　　1.5.0を見よ。

3.5.1　資料の数量

3.5.1.1（記録するものの範囲）1.5.1.1を見よ。

3.5.1.2（記録の方法）2.5.1.2の規定による。

　　　　30丁
　　　　93通
　　　　1綴␣(5通)

3.5.2　挿図，肖像，地図等

　必要があるときは，挿図，肖像，地図等について記録する。

　　　　30丁␣:␣挿図␣(10図)␣;␣23cm

3.5.3　大きさ

3.5.3.1（大きさとするものの範囲）1.5.3.1を見よ。

3.5.3.2（記録の方法）　大きさは外形の高さをセンチメートルの単位で，端数を切り上げて記録する。

3.5.3.2別法1　センチメートルの単位で小数点以下1桁まで端数を切り上げて記録する。尺・寸等の単位や糎等の表記は使用しない。

第 3 章　書写資料

3.5.3.2 別法 2　江戸時代までの資料については，大きさを書型に対応させた用語等を用いて記録する。

　　　　24丁　;　大

3.5.3.2A　2点以上の部分からなる，大きさの異なる資料は，最小のものと最大のものをハイフンで結んで記録する。

3.5.3.2B　外形の高さが 10 cm 以下のものは，センチメートルの単位で小数点以下 1 桁まで端数を切り上げて記録する。

3.5.3.2C　縦長本，横長本，枡型本は，縦，横の長さを「×」印で結んで記録する。

3.5.3.2C 任意規定　常に縦，横の長さを「×」印で結んで記録する。また，大きさを書型に対応させた用語や料紙の使い方を丸がっこに入れて記録することができる。

　　　　29丁　;　26.8 × 19.8 cm　(大)
　　　　4枚　;　15.0 × 30.4 cm　(折紙)

3.5.3.2D　巻ものは料紙の高さを，畳ものは拡げた形の縦，横の長さを「×」印で結んで記録する。畳ものは，折りたたんだときの外形の縦，横の長さを付記する。

3.5.4　付属資料

3.5.4.1（付属資料とするものの範囲）　ある書写資料に付属している資料。複合媒体資料の別個の部分を含む。

3.5.4.2（記録の方法）　2.5.4.2 を見よ。

3.6　シリーズに関する事項

　　原則としてシリーズに関する事項の規定は用いない。

　　ただし，文書・記録類については，記述対象の属する上位の階層について，ここに記録することができる。

3.7　注記に関する事項

3.7.0　通則

　　1.7.0 を見よ。

3.7.1　注記

　　1.7.1 を見よ。

3.7.2　記録の方法

　　1.7.2 を見よ。

3.7.3　注記の種類

3.7 注記に関する事項

3.7.3.0（下記の特定事項に属さない注記）

ア）書誌的事項の誤記，誤植を正しい形に訂正して記録したときは，もとの形を注記する。

イ）著作の様式および言語に関する注記

ウ）記述対象の特徴，性質を示す，書誌学的な立場での通称

　　　　奈良絵本

エ）本文の系統等，その資料の性質を特定できる情報がある場合，説明する必要があるときは注記する。

　　　　流布本
　　　　別本
　　　　定家本

オ）その他記述一般に関する注記

カ）利用の条件に関する注記

　　　　閲覧のみ許可，複写は不可
　　　　寄託者の許可が必要

3.7.3.1（タイトルに関する注記）　2.7.3.1，2.7.4.1の規定による。

3.7.3.2（責任表示に関する注記）　2.7.3.2，2.7.4.2の規定による。

3.7.3.3（版および書誌的来歴に関する注記）　2.7.3.3，2.7.4.3の規定による。

3.7.3.4（製作に関する注記）

ア）書写地は，これを注記する。（3.4.1.2別法参照）

イ）書写者は，これを注記する。（3.4.2.2Ａ別法参照）

　　　　書写者：␣「夏目漱石」とあり

　　　　書写者不明

ウ）署名があればその旨注記する。

　　　　署名あり

エ）自筆である場合，説明する必要があるときは注記する。（3.4.2.2Ａ別法参照）

　　　　自筆本

オ）書写の手段等を注記する。

　　　　ペン写

カ）その資料の内容が成立した年が判明している場合は，これを注記する。

キ）書写を命じた依頼者などが判明した場合，説明する必要があるときは，注記する。

第 3 章　書写資料

3.7.3.5（形態に関する注記）

ア）ページ数，丁数について説明する必要があるときは注記する。（2.5.1.2 参照）

イ）挿図，肖像，地図等について説明する必要があるときは注記する。（3.5.2 参照）

ウ）大きさについて説明する必要があるときは注記する。（3.5.3 参照）

エ）付属資料　注記するときは最初に「付属資料」と記録し，付属資料が独立のページ付や丁付，異なった種類の図版，異なった大きさをもつときは，これを付記する。（2.5.4.2 別法 2 参照）

オ）形態的に独立した，付属資料としては扱わない付録，解説等が含まれているときは注記する。（2.7.3.5 オ）の例参照）

カ）装丁

　袋綴じ（線装）以外の装丁について記録する。（2.5.1.2 Ｇ参照）

　　　　懐紙
　　　　列帖装

　袋綴じ（線装）の様式等について説明する必要があるときは注記する。

　　　　三つ目綴じ
　　　　康熙綴じ
　　　　亀甲綴じ

　帙，箱等について説明する必要があるときは注記する。

　　　　蒔絵箱入り
　　　　士朗箱書：「芭蕉真蹟」

　原装について説明する必要があるときは注記する。（2.5.1.2 Ｇ参照）

キ）料紙，表紙について説明する必要があるときは注記する。

　　　　料紙は継紙
　　　　共紙表紙

ク）虫損等で保存状態がよくないもの，補修があるものについて，必要があるときは注記する。

　　　　虫損あり（裏打ち補修あり）
　　　　破損・汚損あり

3.7.3.6（シリーズに関する注記）　2.7.3.6 の規定による。

3.7.3.7（内容に関する注記）　2.7.3.7，2.7.4.6 の規定による。

3.7.3.8（注・訓点・識語・書き入れ等に関する注記）　2.7.4.7 の規定による。

3.8 標準番号，入手条件に関する事項

3.7.3.9（伝来に関する注記）　2.7.4.8の規定による。
3.8　標準番号，入手条件に関する事項
　　標準番号，入手条件に関する事項の規定は用いない。

付録用語解説

印行年 和古書，漢籍で，その図書が実際に印刷された年をいう。

奥書 和古書，漢籍で，著者，書写者，校合者，所蔵者等が，著述，書写，校合，成立等の事情について，本文または資料の末尾に記したもの。

界線 書写，印字面の上下の境界や文字の行の境を示すために，料紙に規則的に引かれる線をいう。

刊記 和古書，漢籍で，出版年月，出版地，出版者などの表示をいう。おおむね巻末にある。

刊行年 和古書，漢籍で，一般に版木の彫刻・校正・印刷が終了し，出版した時点の年をいう。

漢籍 中国人の編著書で，中国文で書かれ，主として辛亥革命（1911年）以前に著述，刊行された資料をいう。日本等で刊行されたものをも含む。

完本 完全に揃っている資料

匡郭 木版本や活字本などの，版本の各丁の四周を囲む枠線のこと。線の一本のものを単辺，二本のものを双辺という。

訓点 漢文を日本文に読み下す際に原漢文の文字の四周や欄外・紙背に施す，文字や補助記号などの総称。

欠本 巻や冊等が欠落していて，揃っていない資料。

後印本 和古書，漢籍で，以前使用した版木を用いて，後に印刷した図書。

後修本 和古書，漢籍で，版木の一部分を紛失，あるいは摩滅したためなど，何らかの事情からその部分の版木を後から補修した図書。

個別資料 著作を物理的に具体化した個々の資料で，単一のあるいは複数の物的対象。

識語 和古書，漢籍で，所蔵者や読者が，資料の伝来，入手の経緯，読後の感想等を，その資料に書き加えたもの。

書型 用紙の大きさを基準にした資料の大きさ。

書誌的巻数 著作の成立時，あるいは初期の刊行(製作)時の巻数を，物理的な現況にもとづく巻数と区別する場合にいう。

先秦書 漢籍のうち秦代（紀元前221年から207年）より以前に成立した書物。

蔵版印 蔵版者であることを証明するために蔵版者が捺す印章。見返し，奥付等の蔵版者名の下，封切り紙の継ぎ目，中央などに捺す。

蔵版者 版木の株を所蔵し，出版する権利をもつ者。

題簽　タイトルや巻次などを記した細長い紙片で，主として表紙の左上部・中央上部に貼付される。

扉　1）和書のタイトル，著者・編者，発行所などが記されているページの総称。2）和古書，漢籍で，通常，見返しに続く丁の表に書名・巻次等を記したものをいう。

版式　版本の版面の様式をいう。漢籍では「款式」の語を用いる。整版，活字版，拓印の三様式がある。

版心　袋綴じの図書について，紙の中央の折り目に当たる部分。書名，巻数，丁付等が，彫り込まれることが多い。柱ともいう。

袋綴じ　二つ折りにした紙を重ね，折り目でない方を糸で綴じた形の装丁。和装本の最も一般的な形。

覆刻本　和古書，漢籍で，既存の図書の版面通りに模して版木を作り，出版した図書。既存の図書を一枚ずつに解体し，新しい版木に貼り付けて版下とするので，被せ彫りともいう。文字や様式を透写して版下にする場合もある。複製本の一種。

枡型本　枡の形すなわち正方形（ほぼそれに近い形をも含む）の形態の冊子本。

見返し　表紙の裏。写本では白紙であることが多く，金紙等装飾性の高い場合もある。江戸中期以降の版本では，タイトル，著者，出版者等が記載されることが多い。

零本　欠巻・欠冊が多くて，残存部分が少ない資料。端本。

和古書　日本人の編著書で，日本文で書かれ，日本で，主として江戸時代まで（1868年以前）に書写・刊行された資料をいう。本規則では，写本は第3章，版本は第2章で扱う。

第13章
継続資料

13.0 通則
13.0.1 記述の範囲
13.0.2 記述の対象とその書誌レベル
13.0.3 記述の情報源
13.0.4 記述すべき書誌的事項とその記録順序
13.0.5 記述の精粗
13.0.6 記録の方法
13.1 タイトルと責任表示に関する事項
13.1.1 本タイトル
13.1.2 資料種別(任意規定)
13.1.3 並列タイトル
13.1.4 タイトル関連情報
13.1.5 責任表示
13.2 版に関する事項
13.2.1 版表示
13.2.2 特定の版にのみ関係する責任表示
13.2.3 付加的版表示
13.2.4 付加的版にのみ関係する責任表示
13.3 順序表示に関する事項
13.3.1 順序表示とするものの範囲
13.3.2 記録の方法
13.4 出版・頒布等に関する事項
13.4.1 出版地,頒布地等
13.4.2 出版者,頒布者等
13.4.3 出版年,頒布年等
13.4.4 製作項目(製作地,製作者,製作年)

13.5 形態に関する事項
13.5.1 特定資料種別と資料の数量
13.5.2 その他の形態的細目(使用しない)
13.5.3 大きさ
13.5.4 付属資料
13.6 シリーズに関する事項
13.6.1 本シリーズ名
13.6.2 並列シリーズ名
13.6.3 シリーズ名関連情報
13.6.4 シリーズに関係する責任表示
13.6.5 シリーズの標準番号
13.6.6 シリーズ番号
13.6.7 下位シリーズの書誌的事項
13.7 注記に関する事項
13.7.1 注記
13.7.2 記録の方法
13.7.3 注記の種類
13.8 標準番号,入手条件に関する事項
13.8.1 標準番号
13.8.2 キイ・タイトル(任意規定)
13.8.3 入手条件・定価(任意規定)
13.10 所蔵・更新事項
13.10.1 所蔵事項
13.10.2 更新事項

第13章　継続資料

13.0　通則

　　この章では，継続資料，すなわち，完結を予定せずに継続して刊行される資料を対象とする。継続資料は，逐次刊行物と完結を予定しない更新資料である。逐次刊行物は，同一のタイトルのもとに，一般に巻次，年月次を追って，個々の部分（巻号）が継続して刊行される資料である。更新資料は，更新により内容に追加，変更はあっても，一つの刊行物としてのまとまりが維持されている資料であり，例えば，加除式資料，更新されるウェブサイトなどがある。

　　また，この章は，会議・大会のニュースレターなどのように逐次刊行物の性質をもっているが刊行期間が限定されている資料，逐次刊行物の複製物，および完結を予定する更新資料をも対象とする。

　　なお，この章の条項が，逐次刊行物もしくは更新資料のみにかかわり，継続資料全体に適用されるものでないときは，その適用範囲を条項内に明示する。

　　この章は，記録媒体などにより，第2章から第12章までとともに適用される。例えば，電子ジャーナルを記述するときは，第9章とこの章の双方を適用して記述する。

13.0.0.1（記述の原則）　書誌的事項は，記述対象を他の資料から同定識別できる範囲で，必要かつ十分なだけ記録する。

　ア）記述対象の内容，範囲，他の資料との書誌的関係などについて記録することもある。

　イ）書誌的事項は，ISBDに基づく構成順位で，組織的に記録する。

　ウ）ISBD区切り記号を，書誌的事項の区切りと識別のための手段とする。

13.0.1　記述の範囲

　　ある資料を他の資料から同定識別する第1の要素はタイトルである。しかし，同一タイトルの他の資料から，あるいは同一著作の他の版から，当該資料を同定識別するためには，責任表示，版次，順序表示，出版・頒布等に関する事項，形態に関する事項，シリーズに関する事項等も記録しておく必要がある。また，その資料の付属資料や内容細目なども記録することがある。

13.0.2　記述の対象とその書誌レベル

13.0.2.1（記述の対象）　原則として継続資料の全体を記述の対象とする。

13.0.2.1A　継続資料においては，本タイトルや責任表示が変化することがある。本タイトルや責任表示の変化は，重要な変化と軽微な変化に区別する。重要な変化は変更ともいう。

　　逐次刊行物では，本タイトルあるいは責任表示に重要な変化が生じた場合，別の新しい書

13.0 通則

誌的記録を作成する。軽微な変化の場合，新たな書誌的記録は作成しない。（13.1.1.3，13.1.5.3，13.7.1.1 A，13.7.3.1 カ），13.7.3.1 A エ），13.7.3.2 B 参照）

更新資料では，本タイトルおよび責任表示にどのような変化が生じた場合も，新たな書誌的記録は作成しない。本タイトルあるいは責任表示を変化後のものに改める。（13.1.1.3，13.1.5.3，13.7.1.1 A，13.7.3.1 カ），13.7.3.1 A エ）参照）

13.0.2.1 B 本タイトルあるいは責任表示の重要な変化以外で，別の継続資料とみなして別の新しい書誌的記録を作成するのは，次の場合である。

ア）継続資料の版表示に，対象範囲や主題が変わったことを示す変化があるとき（13.2.1.3 参照）

イ）継続資料の資料種別が変わったとき

ウ）逐次刊行物の累積版が同一タイトルで刊行されるとき

13.0.2.2（記録の書誌レベル）　記述の対象に応じて，次に示す書誌レベルの書誌的記録を作成する。

記述の対象	記録の書誌レベル
継続資料	継続刊行レベル
構成部分	構成レベル

13.0.2.3（継続刊行レベルの記録）　継続資料を記述の対象とするときは，継続刊行単位を記述の本体とする書誌的記録を作成する。その記録は，継続刊行単位，集合単位，構成単位の順とする。集合単位はシリーズに関する事項，構成単位は内容細目として記録する。逐次刊行物は，原則として集合レベルの記録は作成しない。

13.0.2.3 別法　集合単位のタイトルを共通タイトルとし，継続刊行単位のタイトルを従属タイトルとして記録する。（13.6.1.1 別法参照）

13.0.2.3 A　2 以上の集合単位もしくは構成単位があるときは，書誌階層において上位レベルのものから順次記録する。

13.0.2 B　継続刊行レベルの記録の記載（出力）様式については，第Ⅰ部の記述付則 1 に示す。

13.0.2.4（構成レベルの記録）　構成部分を記述の対象とするときは，それぞれの構成単位を記述の本体とする書誌的記録を作成する。その記録は，構成単位，継続刊行単位，集合単位の順とする。

13.0.2.4 A　2 以上の集合単位があるときは，書誌階層において下位レベルのものから順次記録する。

第13章　継続資料

13.0.2.4B　構成レベルの記録の記載（出力）様式については，第Ⅰ部の記述付則1に示す。

13.0.2.5（合冊刊行される逐次刊行物の記録）　合冊刊行される逐次刊行物については，それを構成するそれぞれの逐次刊行物を個々の継続刊行単位として，書誌的記録を作成する。

13.0.3　記述の情報源

13.0.3.0（記述の基盤）　**逐次刊行物**については，記述の基盤は，初号（本タイトルあるいは責任表示の重要な変化により新しい書誌的記録を作成した場合は，変化後の最初の号）とする。初号の情報が不明のときは，入手できた最初の号を記述の基盤とし，その号の巻次を注記する。（13.7.3.0 ウ）参照）

　　更新資料については，記述の基盤は，出版開始年を除き，最新号とする。

13.0.3.1（記述の情報源）　記述は，そのよりどころとすべき情報源に表示されている事項を，転記の原則（1.0.6.1参照）により，そのまま記録する。記述のよりどころとする情報源は，次の優先順位とする。

　ア）印刷形態の継続資料

　　(1)　表紙または標題紙のある**逐次刊行物**

　　　①　表紙，標題紙，背，奥付

　　　②　当該資料の他の部分

　　　③　当該資料以外の情報源

　　(2)　表紙または標題紙のある**更新資料**

　　　①　標題紙（標題紙裏を含む），奥付，背，表紙

　　　②　当該資料の他の部分

　　　③　当該資料以外の情報源

　　(3)　表紙および標題紙のないもの

　　　①　題字欄等

　　　②　当該資料の他の部分

　　　③　当該資料以外の情報源

　イ）印刷形態以外の継続資料　関連する各章において規定するところによる。

13.0.3.1A　複製物はその原資料ではなく，複製物自体を情報源とする。原資料の書誌的事項が複製物のものと異なる場合，これを注記する。ただし，順序表示に関する事項については原資料の情報を記録する。（13.1.0.3，13.3.0.3，13.4.0.3，13.5.0.3，13.7.1.1B，13.7.3.2C，13.7.3.3A，13.8.0.3参照）

13.0 通則

13.0.3.1A 別法　複製物はその原資料を情報源とする。複製物の書誌的事項が原資料のものと異なる場合，これを注記する。(13.1.0.3 別法，13.3.0.3，13.7.1.1B 別法，13.7.3.1ク），13.7.3.1Aオ），13.7.3.3A，13.7.3.8A，13.8.0.3 別法参照) ただし，版に関する事項，出版・頒布等に関する事項，形態に関する事項については複製物自体の情報を記録する。これらの事項について，原資料の書誌的事項が複製物のものと異なるときは，これを注記する。(13.4.0.3，13.5.0.3，13.7.1.1B 別法，13.7.3.2C 参照)

13.0.3.2　(各書誌的事項の情報源)　印刷形態の継続資料については，各書誌的事項の情報源は，次のとおりとする。

　ア）タイトルと責任表示

　　　表紙または標題紙のある**逐次刊行物**：表紙，標題紙，背，奥付

　　　表紙または標題紙のある**更新資料**：標題紙（標題紙裏を含む），奥付，背，表紙

　　　表紙および標題紙のないもの：題字欄

　イ）版……ア）に同じ

　ウ）順序表示……その継続資料から

　エ）出版・頒布等……ア）に同じ

　オ）形態……その継続資料から

　カ）シリーズ……ア）に同じ

　キ）注記……どこからでもよい

　ク）標準番号，入手条件・定価……どこからでもよい

　印刷形態以外の継続資料については，各書誌的事項の情報源は，関連する各章において規定するところによる。

13.0.3.2A　記述対象によるべき情報源がない場合，参考資料をはじめとして，可能な限りの情報源を調査して，必要な書誌的事項に関する情報を入手し，これを記録する。

13.0.3.2B　所定の情報源以外から得た書誌的事項は，補記の事実を示すため角がっこに入れて記録する。情報の出典について注記することができる。

13.0.4　記述すべき書誌的事項とその記録順序

　記述すべき書誌的事項とその記録順序は，次のとおりとする。

　ア）タイトルと責任表示に関する事項

　　(1)　本タイトル

　　(2)　資料種別（任意規定による事項）

第13章　継続資料

　　(3)　並列タイトル

　　(4)　タイトル関連情報

　　(5)　責任表示

イ）版に関する事項

　　(1)　版表示

　　(2)　特定の版にのみ関係する責任表示

　　(3)　付加的版表示

　　(4)　付加的版にのみ関する責任表示

ウ）順序表示に関する事項

　　(1)　順序表示

エ）出版・頒布等に関する事項

　　(1)　出版地，頒布地等

　　(2)　出版者，頒布者等

　　(3)　出版年，頒布年等

　　(4)　製作項目(製作地，製作者，製作年)

オ）形態に関する事項

　　(1)　特定資料種別と資料の数量

　　(2)　その他の形態的細目（使用しない）

　　(3)　大きさ

　　(4)　付属資料

カ）シリーズに関する事項

　　(1)　本シリーズ名

　　(2)　並列シリーズ名

　　(3)　シリーズ名関連情報

　　(4)　シリーズに関係する責任表示

　　(5)　シリーズの標準番号

　　(6)　シリーズ番号

　　(7)　下位シリーズの書誌的事項

キ）注記に関する事項

ク）標準番号，入手条件に関する事項

(1) 標準番号

(2) キイ・タイトル（任意規定による事項）

(3) 入手条件・定価（任意規定による事項）

13.0.4.1（2言語以上の同一書誌的事項）　同一書誌的事項が2言語（文字）以上で表示されている場合，並列タイトルと並列シリーズ名およびそれらのタイトル関連情報に限って2言語以上で記録し，それ以外の書誌的事項は本タイトルまたは本文の言語と一致するもののみを記録する。

13.0.5　記述の精粗

　この規則では，国際的な書誌記述の基準であるISBDで定めている書誌的事項を記録することを原則とする。しかし，それぞれの図書館等における適用では，その規模や方針に応じて，記録すべき書誌的事項の取捨選択を行うことができる。

　以下に，記述の精粗について，必須，標準，詳細の別による3水準を示す。

ア）第1水準　必須の書誌的事項

　　本タイトル␣／␣最初の責任表示.␣─␣順序表示.␣─␣出版者または頒布者等.␣─␣(本シリーズ名).␣─␣標準番号

イ）第2水準　標準の書誌的事項

　　本タイトル␣[資料種別]␣:␣タイトル関連情報␣／␣責任表示.␣─␣版表示.␣─␣順序表示.␣─␣出版地または頒布地等␣:␣出版者または頒布者等,␣出版年または頒布年等.␣─␣特定資料種別と資料の数量␣;␣大きさ␣+␣付属資料.␣─␣(本シリーズ名,␣シリーズの標準番号␣;␣シリーズ番号.␣下位シリーズの書誌的事項).␣─␣注記.␣─␣標準番号

ウ）第3水準　本規則において規定するすべての書誌的事項

13.0.6　記録の方法

13.0.6.1（転記の原則）　資料を記述するとき，次の書誌的事項は，原則として記述対象に表示されているままに記録する。

ア）タイトルと責任表示に関する事項

イ）版に関する事項

ウ）順序表示に関する事項

エ）出版・頒布等に関する事項

オ）シリーズに関する事項

第13章　継続資料

13.0.6.1A　ローマ字，キリル文字などを用いる洋資料を記述する場合，タイトルと責任表示に関する事項以外は，所定の略語（付録2参照）を使用する。また，次に示す略語は，言語にかかわりなく，ローマ字を用いる言語による記述すべてに使用する。ローマ字以外の言語では，これらに相当する略語を用いる。

　　　　et al.＝ほか
　　　　s.l.＝出版地不明
　　　　s.n.＝出版者不明

13.0.6.2（目録用の言語・文字）　形態に関する事項や注記に関する事項においては，特に記述対象から転記する必要がある事項以外，原則として日本語によって記録する。（0.6.1参照）

13.0.6.2別法　洋資料を記述する場合，形態に関する事項や注記に関する事項などにおいては，目録用の言語として英語を用いる。

13.0.6.3（文字の転記）　漢字は，原則として所定の情報源に使用されている字体で記録する。楷書以外の書体は楷書体に改める。かなはそのまま記録するが，変体がなは平がなに改める。ローマ字，キリル文字等，外国の文字も，原則としてそのまま記録するが，大文字の使用法およびISBD区切り記号以外の句読点の使用法は，当該言語の慣習に従う。また，文字の大小の表示は再現せず，全部同一の大きさの文字で記録する。

13.0.6.3別法1　常用漢字表に収録されている漢字は，常用漢字表にある字体を使用する。

13.0.6.3別法2　洋資料を記述する場合，ローマ字しか再現できない印刷方法，文字コード表などを用いるときは，ローマ字以外の文字をローマ字化する。

13.0.6.4（数字の記録）　タイトルと責任表示に関する事項においては，数字はそのままの形で転記する。その他の書誌的事項においては，数量や順序などを示す数字はアラビア数字とする。ただし識別のために二様以上の数字を用いる必要があるときは，そのままの形で記録する。

13.0.6.5（再現不能の記号等の記録）　記号等は，原則としてそのまま記録する。採用する印刷方法や文字コード表などによって，表示のとおり転記することが不可能な記号等は，説明的な語句におきかえ角がっこに入れる。さらに注記することができる。（2.0.6.5の例参照）

13.0.6.6（誤記，誤植）　書誌的事項の明らかな誤りは正しい形に訂正し，訂正したことが明らかになるような方法で記録する。もとの形は注記することができる。脱字は補記するが，この場合，角がっこ（一対）の前後にスペースを置かない。

13.0.6.7（ISBD区切り記号法）

13.0.6.7A 各書誌的事項を同定識別するために，ISBD区切り記号を用いる。区切り記号によって，明確にそれぞれの書誌的事項を指示することにより，別言語の場合を含め，書誌情報の理解を容易にすることができる。ISBD区切り記号の使用は，書誌情報の交換の場において有効である。(ISBD区切り記号以外の句読法と，ISBD区切り記号であっても一般的でないもの，および条文・例示におけるスペースの指示記号については，付録1を参照)

13.0.6.7B

(1) 次に示す区切り記号を書誌的事項の前に用いる。区切り記号の前後はスペース（この規則では␣で示す）とするが，コンマ（，），ピリオド（．）は区切り記号（丸がっこ，角がっこなど）に続くスペースを置かず，後ろにのみスペースを置く。丸がっこ（( )），角がっこ（[ ]）は一対で一つの区切り記号となるので，丸がっこ（一対）または角がっこ（一対）の前後にスペースを置く。ただし，丸がっこまたは角がっこの前後のスペースが隣接する他の区切り記号のスペースと重なるときは，スペースを一つとする。

(2) 略語で終わる場合，区切り記号としてのピリオド（．）と重なるときは，略語を示すピリオドを省く。

(3) 同一の書誌的事項が2以上重複する場合，各事項ごとに所定の区切り記号を前に置く。

ア）ピリオド，スペース，ダッシュ，スペース（．␣—␣）：次にあげる事項の前に置く。改行した場合，その前に区切り記号を置かない。

(1) 版に関する事項

(2) 資料（または刊行方式）の特性に関する事項

(3) 出版・頒布等に関する事項

(4) 形態に関する事項

(5) シリーズに関する事項

(6) 注記に関する事項

(7) 標準番号，入手条件に関する事項

（同一の事項が2組以上あるとき，それぞれの組の中間にも同一区切り記号を繰り返し使用する）

イ）ピリオド，スペース（．␣）：次にあげる事項の前に置く。

(1) 共通タイトルのあとに記録する従属タイトル

(2) 総合タイトルがない場合の，責任表示の異なる2番目以降の個々のタイトル

第13章　継続資料

　　(3)　下位シリーズ名

ウ）コンマ，スペース（,␣）：次にあげる事項の前に置く。

　　(1)　付加的版表示

　　(2)　出版年，頒布年等，製作年

　　(3)　シリーズの標準番号

エ）スペース，コロン，スペース（␣:␣）：次にあげる事項の前に置く。

　　(1)　タイトル関連情報（個々の情報ごとに）

　　(2)　出版者，頒布者等，製作者

　　(3)　その他の形態的細目

　　(4)　シリーズ名関連情報

　　(5)　下位シリーズ名関連情報

　　(6)　入手条件・定価

オ）コロン，スペース（:␣）：次にあげる事項の前に置く。

　　(1)　注記の導入語句と注記本体

　　(2)　多段階記述様式等における巻次等とタイトル（1.10.1.2をも参照）

カ）スペース，セミコロン，スペース（␣;␣）：次にあげる事項の前に置く。

　　(1)　2番目以降の，次の事項に関係する責任表示

　　　　①　本タイトル

　　　　②　版表示

　　　　③　付加的版表示

　　　　④　本シリーズ名

　　　　⑤　下位シリーズ名

　　(2)　同一責任表示の2以上の連続しているタイトルの2番目以降の各タイトル

　　(3)　2番目以降の各出版地，頒布地等

　　(4)　大きさ

　　(5)　シリーズ番号，下位シリーズ番号

キ）スペース，斜線，スペース（␣/␣）：次にあげる事項に関係する最初の責任表示の前に置く。

　　(1)　本タイトル

　　(2)　版表示

13.0 通則

(3) 付加的版表示

(4) 本シリーズ名

(5) 下位シリーズ名

ク) スペース，等号，スペース（␣=␣）：次にあげる事項の前に置く。

(1) 並列タイトル，並列シリーズ名等の並列情報

(2) キイ・タイトル

(3) 逐次刊行物に2以上の順序表示がある場合の別方式の順序表示

ケ) スペース，プラス記号，スペース（␣+␣）：付属資料の前に置く。

コ) スペース，角がっこ（一対），スペース（␣[ ]␣）：次にあげる事項のほか，情報を補記する場合に用いる。（付録1をも参照）

(1) 資料種別

(2) 出版者，頒布者等に補記する役割表示

サ) スペース，丸がっこ（一対），スペース（␣( )␣）：次にあげる事項のほか，情報を付記する場合に用いる。（付録1をも参照）

(1) 製作項目（製作地，製作者，製作年）

(2) 付属資料の形態的細目

(3) シリーズに関する事項

(4) 標準番号または入手条件に関する説明語句

13.0.6.7B別法 和資料（漢籍等を含む）の書誌記述において，ISBD区切り記号を省略する。

13.0.6.8（記入における記述の記載位置） 冊子目録，MARCレコードから出力した場合のマイクロ形態の目録，オンライン端末の画面の表示様式などでは，記入における記述の記載位置を，利用目的に応じて個別に定めることができる。目録用標準カード（75×125 mm）を用いた場合，記述の記載位置は付録5の例による。

13.1 タイトルと責任表示に関する事項

13.1.0 通則

13.1.0.0（記述の意義） タイトルの存在は，書誌的記録成立の必須要件である。タイトルは，記述対象を構成する著作の知的・芸術的内容等に関する責任表示などとともに，記述の冒頭に記録する。（タイトルの表示がないときは13.1.1.2Bを参照）

13.1.0.1（書誌的事項） 記録すべき書誌的事項と，その記録順序は次のとおりとする。

ア) 本タイトル

第13章　継続資料

　　イ）資料種別（任意規定による事項）

　　ウ）並列タイトル

　　エ）タイトル関連情報

　　オ）責任表示

13.1.0.2（区切り記号法）

　　ア）資料種別は，角がっこに入れる。角がっこ（一対）の前後にスペース（␣［　］␣）を置く。（13.0.6.7B(1)参照）

　　イ）各並列タイトルの前には，スペース，等号，スペース（␣＝␣）を置く。

　　ウ）従属タイトルの前には，ピリオド，スペース（．␣）を置く。

　　エ）総合タイトルがない場合の，責任表示の異なる2番目以降の個々のタイトルの前にはピリオド，スペース（．␣）を置く。

　　オ）総合タイトルがない場合の，責任表示が同一な2番目以降の個々のタイトルの前には，それぞれスペース，セミコロン，スペース（␣；␣）を置く。

　　カ）タイトル関連情報の前には，各情報ごとに，スペース，コロン，スペース（␣：␣）を置く。

　　キ）最初の責任表示の前には，スペース，斜線，スペース（␣／␣）を置く。

　　ク）2番目以降の各責任表示の前には，スペース，セミコロン，スペース（␣；␣）を置く。

　　　　　　本タイトル␣［資料種別］␣＝␣並列タイトル␣／␣責任表示␣；␣第2の責任表示
　　　　　　共通タイトル．␣従属タイトル␣［資料種別］␣／␣責任表示
　　　　　　最初のタイトル␣［資料種別］␣／責任表示．2番目のタイトル␣／␣責任表示
　　　　　　最初のタイトル␣［資料種別］␣；␣2番目のタイトル␣／責任表示
　　　　　　本タイトル␣［資料種別］␣：␣タイトル関連情報␣：␣2番目のタイトル関連情報␣／␣責任表示

13.1.0.3（複製物）　複製物の場合，原資料ではなく複製物自体のタイトルと責任表示に関する事項を記録する。原資料のタイトルと責任表示に関する事項が複製物のものと異なるときは，これを注記する。（13.0.3.1A，13.7.1.1B，13.7.3.2C参照）

13.1.0.3別法　複製物の場合，原資料のタイトルと責任表示に関する事項を記録する。複製物のタイトルと責任表示に関する事項が原資料のものと異なるときは，これを注記する。（13.0.3.1A別法，13.7.1.1B別法，13.7.3.1ク），13.7.3.1Aオ）参照）

13.1.1　本タイトル

13.1 タイトルと責任表示に関する事項

13.1.1.1（本タイトルとするものの範囲）　記述対象とする継続資料全体を通じて共通する固有の名称が本タイトルである。本タイトルとするもののなかには次に示すようなものもある。

ア）総称的な語のみのもの

　　研究報告
　　紀要
　　Journal

イ）数字や略語のみのもの

　　705
　　A.E.U.
　　NII

ウ）団体名または個人名のみのもの

　　高知市民図書館

エ）識別上必要な数や文字と不可分なもの

　　CDランキングベスト10
　　37 design & environment projects

オ）別個に刊行された部または編などのタイトルで，本体をなす共通タイトルと部編名などの従属タイトルからなるもの

　　鹿児島県立短期大学紀要.␣自然科学篇

カ）本文と同一言語でないタイトル（本文の言語を注記する）（13.7.3.0 イ）参照）

　　Super PC engine fan deluxe
　　（注記「本文は日本語」）

キ）刊行頻度をふくむもの

　　月刊アドバタイジング
　　季刊人類学
　　Monthly external trade bulletin

13.1.1.1A　継続資料が部または編に分かれて刊行されている場合，部編名が同一のタイトルのもとに表示されているときは，同一のタイトルを共通タイトル，部編名を従属タイトルとして，本タイトルを記録する。

　　鹿児島県立短期大学紀要.␣自然科学篇
　　鹿児島県立短期大学紀要.␣人文・社会科学篇
　　農業技術研究所報告.␣A，物理統計

第13章　継続資料

>農業技術研究所報告.␣B，土壌・肥料
>大分大学学芸学部研究紀要.␣人文・社会科学.␣A集
>大分大学学芸学部研究紀要.␣人文・社会科学.␣B集
>Historical abstracts.␣Part A，Modern history abstracts 1775-1914
>Historical abstracts.␣Part B，Twentieth century abstracts 1914-1970

13.1.1.1B　継続資料が部または編に分かれて刊行されている場合，部編名が同一のタイトルのもとに表示されず，独自のタイトルとしての形態をなしているときは，部編名を本タイトルとし，同一のタイトルをシリーズ名として記録する。

>社会科学ジャーナル
>　　（シリーズ名「国際基督教大学学報␣」；␣2 B」）
>アジア文化研究
>　　（シリーズ名「国際基督教大学学報␣」；␣3－A」）
>Family observer
>　　（シリーズ名「Employment & social affairs」）
>Free movement and social security
>　　（シリーズ名「Employment & social affairs」）

13.1.1.1C　同一情報源に異なるタイトルの表示がある場合，より顕著に表示されているものを，顕著に表示されているものがないときは最初に表示されているものを，本タイトルとして記録し，他のものは注記する。（13.7.3.1イ）参照）

>愛知図書館産業資料情報
>　　（注記「別のタイトル：␣愛知県文化会館愛知図書館産業資料情報」）
>New materials/Japan
>　　（注記「別のタイトル：␣New mater./Jpn」）

13.1.1.1C別法　同一情報源に日本語と外国語のタイトルの表示があり，本文が日本語の場合，日本語のものを本タイトルとして記録し，外国語のタイトルは注記する。（13.7.3.1エ）参照）

>日本腎臓学会誌
>　　（注記「英語のタイトル：␣The Japanese journal of nephrology」）

13.1.1.1D　印刷形態の継続資料では，表紙または標題紙がある**逐次刊行物**の場合，表紙，標題紙，背，奥付に表示されている各タイトルが異なるときは，表紙，標題紙，背，奥付の優先順位に従って選定した本タイトルを記録し，他のタイトルは注記する。

　　表紙または標題紙がある**更新資料**の場合，標題紙，奥付，背，表紙に表示されている各タイトルが異なるときは，共通するタイトルがあればそのタイトルを，なければ標題紙，奥付，

13.1 タイトルと責任表示に関する事項

背, 表紙の優先順位に従って選定した本タイトルを記録し, 他のタイトルは注記する。(13.7.3.1ウ) 参照)

　印刷形態以外の継続資料で, 記述のよりどころとする情報源が2以上ある場合, それらに表示されているタイトルが相違しているときは, これらのタイトル中に同一のものがあればそれを本タイトルとし, 全部相違していれば, 関連する各章において指示されている優先順位に従って本タイトルを選定し, 他のタイトルは注記する。(13.7.3.1ウ) 参照)

13.1.1.2（記録の方法） 原則として, 記述対象の所定の情報源に表示されているままに記録する。本タイトルの一部分が2行書き, または小さな文字で表示されていても, 1行書きとし, 全部同じ大きさの文字で記録する。

13.1.1.2A 本タイトルが共通タイトルと従属タイトルからなる場合, 共通タイトルのあとに続けて従属タイトルを記録する。

　　鹿児島県立短期大学紀要.␣自然科学篇
　　農業技術研究所報告.␣A,␣物理統計

13.1.1.2B 記述対象中のどこにもタイトルの表示がないときは, 適切な情報源による本タイトルか, 目録担当者が決定した簡潔で説明的な本タイトルを補記する。(13.1.0.0 参照)

13.1.1.3（変化） **逐次刊行物**では, 本タイトルに重要な変化が生じた場合, 別の新しい書誌的記録を作成する。変化前後のタイトルに対応する書誌的記録の双方に本タイトルの変化について注記する。軽微な変化の場合, 新たな書誌的記録は作成しない。変化後のタイトルを注記することができる。(13.0.2.1A, 13.1.5.3, 13.7.1.1A, 13.7.3.1カ), 13.7.3.1Aエ), 13.7.3.2B 参照)

　　東京大学アメリカ研究資料センター年報　（最初の変化前に対応する記録）
　　東京大学アメリカン・スタディーズ　　　（最初と2回目の変化の間に対応する記録）
　　アメリカ太平洋研究　　　　　　　　　　（2回目の変化後に新たに作成した記録）

　更新資料では, 本タイトルにどのような変化が生じた場合も, 新たな書誌的記録は作成しない。従来記録していた本タイトルを変化後のタイトルに改める。変化前のタイトルを注記することができる。(13.0.2.1A, 13.7.1.1A, 13.7.3.1カ) 参照)

13.1.1.3A **逐次刊行物**の本タイトルの変化において, 次の場合を重要な変化とみなす。ただし, 13.1.1.3Bに示す場合にも該当するときは軽微な変化とみなして, この条項を適用しない。

　ア) 本タイトルが日本語の場合, 主要な語を他の語に変えたり, 追加または削除したとき

第13章　継続資料

イ）本タイトルが日本語の場合，語順に変化が生じたとき

ウ）本タイトルが欧文の場合，冠詞を除いて先頭から5番目までの語を，他の語に変えたり，追加または削除したり，その範囲で語順が変わったとき

エ）本タイトルが欧文の場合，冠詞を除いて先頭から6番目以降の語に変化，追加，削除があり，その結果，本タイトルの意味が変わったり，異なる主題を示すものとなったとき

オ）イニシアルまたは頭字語が変わったとき

カ）言語が変わったとき

キ）本タイトルに含まれる団体名が変わったとき

13.1.1.3A 別法　逐次刊行物の変化についての判断を簡明にするために，句読法等以外の変化は，すべて重要な変化とみなす。

　　　　東亜之光　→　東亜の光

13.1.1.3B　逐次刊行物の本タイトルの変化において，次の場合を軽微な変化とみなす。判断に迷う場合は，軽微な変化とする。

ア）本タイトルが日本語の場合，助詞，接続詞，接尾語が他の語に変化したり，追加または削除されたとき

　　　原子力発電所より排出される温排水調査の結果について
　　　　→　原子力発電所から排出される温排水調査の結果について

イ）本タイトルが日本語の場合，重要な意味を持たない記号が変化したり，追加または削除されたとき

ウ）本タイトルが日本語の場合，逐次刊行物の種別を示す語が類似の語に変化したり，追加または削除されたとき

　　　いさはや市政概要　→　いさはや市政概況
　　　日本近代文学館ニュース　→　日本近代文学館

エ）本タイトルが欧文の場合，冠詞，前置詞，接続詞が他の語に変化したり，追加または削除されたとき

　　　Physics reports of the Kumamoto University
　　　　→　Physics reports of Kumamoto University

オ）本タイトルが欧文の場合，スペリングや句読法が変化したり，単語の語形変化があったとき

　　　GBB　→　G.BB.
　　　Labour history　→　Labor history

13.1 タイトルと責任表示に関する事項

   Openhouse　→　Open house
   Accommodations and travel services
    →　Accommodations & travel services
   Constructions neuves & anciennes
    →　Construction neuve & ancienne

カ）本タイトルが欧文の場合，逐次刊行物の種別を示す語が追加または削除されたとき

   Fussball-Jahrbuch　→　Fussball

キ）語順の変化，語の追加または削除が，本タイトルの意味や主題の変化につながらないとき

   鹿児島大学理学部紀要. 数学・物理学・化学
    →　鹿児島大学理学部紀要. 数学・化学・物理学
   Kartboken for Oslo, Bærem, Lørenskog, Nesodden, Oppgård, Ski
    →　Kartboken for Oslo, Bærem, Asker, Lørenskog, Nesodden, Oppgård, Ski

ク）イニシアルまたは頭字語が完全形に変わったり，逆に完全形がイニシアルまたは頭字語に変わったとき

   Berichte der Deutschen Gesellschaft für Mathematik und Datenverarbeitung
    →　GMD-Berichte

ケ）本タイトルと並列タイトルが入れ替わったとき

コ）言語は変化せずに，文字種の変化があったとき

   母のくに　→　ははのくに
   広報たちかわ　→　広報 Tachikawa
   Four wheel fun　→　4 wheel fun

サ）本タイトルに含まれる団体名の表記に微細な変化，追加または削除があったり，他の語との関連が変化したとき

   相模原市図書館だより　→　相模原市立図書館だより
   福井県立若狭歴史民俗資料館紀要
    →　紀要␣／␣福井県立若狭歴史民俗資料館␣[編]
   Views␣／␣Goodridge Area Historical Society
    →　Views from the GAHS
    →　GAHS views

13.1.2　資料種別（任意規定）

 印刷形態の継続資料の資料種別は記録しない。印刷形態以外の継続資料の資料種別については，各章の規定による。

   東亜経済研究␣[マイクロ資料]

第13章　継続資料

13.1.3　並列タイトル

13.1.3.0（記録の目的）　2言語以上の出版物や書誌情報流通の国際化に対応し，多元的な検索を可能とするため，並列タイトルを記録する。記述対象の本タイトルと本文の言語および文字は通常一致している。

13.1.3.1（並列タイトルとするものの範囲）　本タイトルとして選定するタイトルと別言語および別の文字（またはその一方）のタイトルで，所定の情報源に表示されているもの。次にあげる場合に記録する。

　ア）本タイトルに対応する別言語および別の文字（またはその一方）のタイトルで，この言語および別の文字（またはその一方）の本文があるもの

　イ）本タイトルと別言語の原タイトル（翻訳資料などの場合）で，別言語の原文はないが所定の情報源に表示されているもの

　ウ）原タイトルがなく，相当する言語の本文も存在しないが，所定の情報源において本タイトルと同等に表示されているもの

13.1.3.1A　総合タイトルのない記述対象では，個々の著作の，別言語および別の文字（またはその一方）のタイトルを並列タイトルとする。

13.1.3.2（記録の方法）　並列タイトルは，本タイトルに続けて記録する。ただし，本タイトル，並列タイトルともにタイトル関連情報がある場合は，並列タイトルは本タイトルに対するタイトル関連情報に続けて記録する。

　　　　　ドイツ語教育␣＝␣Deutschunterricht in Japan
　　　　　Фото－Япония␣＝␣Japan pictorial

13.1.3.2別法　並列タイトルは，注記の位置に記録する。（13.7.3.1オ）参照）

13.1.3.3（変化）　**逐次刊行物**では，並列タイトルに変化が生じた場合，変化後の並列タイトルを注記することができる。（13.7.1.1A参照）

　更新資料では，並列タイトルに変化が生じた場合，従来記録していた並列タイトルを変化後の並列タイトルに改める。変化前の並列タイトルを注記することができる。（13.7.1.1A参照）

13.1.4　タイトル関連情報

13.1.4.0（記録の目的）　タイトル関連情報を記録することによって，本タイトルを限定，説明，補完する。

13.1.4.1（タイトル関連情報とするものの範囲）　タイトル関連の情報。本タイトルに対するも

13.1 タイトルと責任表示に関する事項

の以外に，並列タイトルや，総合タイトルのない記述対象中の各著作のタイトルに対するものもある。情報源における表示の位置は，本タイトルのあとに続くものが多いが，本タイトルの上部や前方の位置に表示されていることもある。タイトル関連情報にはサブタイトルやタイトル先行事項を含む。

13.1.4.2（記録の方法） タイトル関連情報は，本タイトルに対するものは本タイトルに続けて，並列タイトルに対するものは並列タイトルに続けて記録する。ただし，本タイトルと並列タイトルがあり，タイトル関連情報は本タイトルに対するもののみ存在する場合，タイトル関連情報は並列タイトルに続けて記録する。

  くすのき文化␣：␣楠町文化協会会誌
  G.P.␣：␣general practice in density
  Matekon␣：␣translations of Russian & East European mathematical economics
  きざし␣=␣Kizashi␣：␣愛知県文化振興事業団機関誌
  NII␣[電子資料]␣：␣National Institute of Informatics␣=␣国立情報学研究所
  スラヴ学論叢␣：␣北海道大学文学部ロシア語ロシア文学研究室年報␣=␣Slavonic studies␣：␣the journal of the Russian Department, Faculty of Letters, Hokkaido University

13.1.4.2別法 タイトル関連情報は，縮約または省略する。

13.1.4.2A 2以上のタイトル関連情報があるときは，所定の情報源における表示のままの順で記録する。

13.1.4.3（変化） **逐次刊行物**では，タイトル関連情報に変化が生じた場合，変化後のタイトル関連情報を注記することができる。(13.7.1.1A参照)

 更新資料では，タイトル関連情報に変化が生じた場合，従来記録していたタイトル関連情報を変化後のタイトル関連情報に改める。変化前のタイトル関連情報を注記することができる。(13.7.1.1A参照)

13.1.5 責任表示

13.1.5.0（記録の目的） 著作の識別上，責任表示はタイトルとともに重要な役割を果たすので，著作の知的もしくは芸術的内容の創造，ないしは具現（演奏等を含む）に責任を有するか，寄与するところがある個人ないしは団体を，その識別・機能などに関連する語句とともに記録する。また，当該資料がその一部をなす，包括的な資料全体の知的ないしは芸術的内容等に責任を有するものの表示も，記述対象の識別上有用であるため記録することがある。

13.1.5.1（責任表示とするものの範囲） 責任表示の範囲は，編者をはじめとして，翻訳者，原

第13章　継続資料

編者，著者，編さん者などを含む。また通常これらの責任表示における人名や団体名には，その著作への関与のしかた，役割などを示す語句が付加されている。監修者，校閲者，スポンサーとしての団体名等が所定の情報源に表示されているときは，これを責任表示の範囲に含める。

13.1.5.1A　逐次刊行物の個人編者は原則として記録せず，注記する。（13.7.3.1Aア）参照）

13.1.5.1B　記述対象のタイトル中に表示されていて編者名等と判断されるものは，責任表示としても記録する。

　　　　ユネスコ東アジア文化研究センター事業報告␣／␣ユネスコ東アジア文化研究センター␣［編］

13.1.5.1C　記述対象になく，他の情報源から得た責任表示は注記する。（13.7.3.1Aウ）参照）

13.1.5.1D　2以上の個人や団体が表示されている場合，次のようにする。

　ア）同一の役割を果たしているときは，その数にかかわりなくこれら全体を一つの責任表示とする。

　イ）原編者と翻訳者のように，異なる役割を果たしているものがあるときは，その役割ごとに別個の責任表示とする。

　　　　本タイトル␣:␣タイトル関連情報␣／␣原編者名␣;␣翻訳者名

13.1.5.1E　一つの責任表示に記録する個人名や団体名の数が2までのときはそのまま記録し，3以上のときは，主なもしくは最初の名称一つを記録し，他は「［ほか］」（外国語形は13.0.6.1A参照）と補記して省略する。記録しなかった個人名や団体名は注記することができる。

13.1.5.1E別法　一つの責任表示において記録する個人名や団体名の数は，書誌的記録作成機関において，その必要に応じて定める。

13.1.5.2（記録の方法）　その継続資料の編者等に，著作の種類を示す語（編等）を付したものを記録する。

　　　　秋田大学大学院教育学研究科修士論文抄録␣／␣秋田大学大学院教育学研究科編
　　　　海外の旅行市場現地報告␣／␣国際観光振興会企画調査部監修

13.1.5.2A　責任表示には，所定の情報源に表示されているもののうち，もっとも適切な表示を選んで記録する。

13.1.5.2B　本タイトルまたはタイトル関連情報によってその編者等がわかる場合も，所定の情報源に責任表示があるときは，それを記録する。

13.1 タイトルと責任表示に関する事項

13.1.5.2C 責任表示が2以上ある場合の記録順序は，原則として所定の情報源における表示の順序とする。

13.1.5.2D 団体の名称が内部組織を含めて表示されているときは，内部組織名を省略せず，そのまま記録する。

13.1.5.2E 情報源に表示されていない語句等を責任表示に補記した場合，これを角がっこに入れる。情報源の表示に著作の種類を示す語句がないとき，またはタイトルと責任表示に記録した団体との関連を明らかにする必要があるときは，これを補記する。

13.1.5.2F 識別上必要な場合以外，団体名の冒頭に表示されている法人組織等を示す語は省略する。

13.1.5.3（変化） **逐次刊行物**では，責任表示に重要な変化が生じた場合，別の新しい書誌的記録を作成する。変化前後の責任表示に対応する書誌的記録の双方に責任表示の変化について注記する。（13.0.2.1A，13.1.1.3，13.7.1.1A，13.7.3.2B参照）責任表示の変化を重要な変化とみなすのは，本タイトルが総称的な語である場合に責任表示が変化したときである。（13.1.1.3A参照）

　　研究紀要␣／␣東京教育大学附属坂戸高校研究部␣［編］
　　　（変化前に対応する記録）
　　研究紀要␣／␣筑波大学附属坂戸高等学校研究部␣［編］
　　　（変化後に新たに作成した記録）

　軽微な変化の場合，新たな書誌的記録は作成しない。変化後の責任表示を注記することができる。（13.0.2.1A，13.7.1.1A，13.7.3.1A，エ）参照）責任表示の変化を軽微な変化とみなすのは，本タイトルが総称的な語である場合に責任表示の表記に微細な変化，追加または削除があったときと，本タイトルが総称的な語でない場合に責任表示が変化したときである。（13.1.1.3B参照）

　　研究紀要␣／␣新宿区立新宿歴史博物館編
　　　→　研究紀要␣／␣新宿歴史博物館編

　責任表示の変化が重要な変化か軽微な変化か判断に迷う場合，軽微な変化とする。

　更新資料では，責任表示にどのような変化が生じた場合も，新たな書誌的記録は作成しない。従来記録していた責任表示を変化後の責任表示に改める。変化前の責任表示を注記することができる。（13.0.2.1A，13.7.1.1A，13.7.3.1Aエ）参照）

13.2　版に関する事項

13.2.0　通則

第13章　継続資料

13.2.0.0（記述の意義） 記述対象がどのような版であるかを示す。そのため版次と，その版の成立に関係する責任表示を記録する。版表示を記録することによって，タイトルと責任表示に関する事項の記録のみでは同定識別できない記述対象が属している版までを特定化できる。

13.2.0.1（書誌的事項） 記録すべき書誌的事項と，その記録順序は次のとおりとする。

　ア）版表示

　イ）特定の版にのみ関係する責任表示

　ウ）付加的版表示

　エ）付加的版にのみ関係する責任表示

13.2.0.2（区切り記号法）

　ア）版に関する事項の前には，ピリオド，スペース，ダッシュ，スペース（.␣―␣）を置く。ただし改行した場合，この区切り記号を用いない。

　イ）付加的版表示の前には，コンマ，スペース（,␣）を置く。

　ウ）版表示および（または）付加的版表示に続く最初の責任表示の前には，スペース，斜線，スペース（␣／␣）を置く。

　エ）2番目以降の各責任表示の前には，スペース，セミコロン，スペース（␣；␣）を置く。

　　　　.␣―␣版表示␣／␣責任表示␣；␣第2の責任表示，␣付加的版表示␣／␣責任表示

13.2.1　版表示

13.2.1.0（記録の目的） 記述対象の属する版を明らかにするため，特定の版であることを示す。情報源上に表示がなくても，他の版と顕著な差があると認められた場合，適切な語句などを補うことによって，特定の版であることを示す必要がある。出版・頒布等に関する事項で，異版が識別できる場合，特に版表示に補記する必要はない。

13.2.1.1（版表示とするものの範囲） 版表示には，通常，他の版との差を示す語と「版」などの用語が結びついた形がある。版表示とするもののなかには，次に示すようなものがある。

　ア）地方版の表示

　　　　　日本経済新聞.␣―␣国際版欧州

　イ）特定対象向けの版表示

　　　　　Expert nurse␣＝␣エキスパートナース␣／␣照林社␣[編集].␣―␣看護学生版

　ウ）特定の形態または媒体の版表示

　　　　　TOPIX & ニュー・インデックス・シリーズ␣＝␣Topix & new index series␣／␣東京証券

― 76 ―

13.2 版に関する事項

取引所␣[編]．␣―␣CD-ROM版

エ）本文の言語を表す版表示

中国・韓国経済産業体年鑑．␣―␣中文版
Hoard's dairyman : the national dairy farm magazine．␣―␣日本語版

オ）複製を示す表示

北京大学学報．␣哲学社会科学版␣／␣北京大学学報編輯委員会␣[編]．␣―␣復刻版

13.2.1.1A 版表示として扱わないものには，次にあげるものがある。（13.2.1.0参照）

ア）（逐次刊行物の）巻次，年月次を示す表示

イ）情報源にない，資料の種別を示す表示

ウ）定期的な改訂，あるいは頻繁な更新を示す表示

13.2.1.2（記録の方法）　情報源における表示のまま記録し，補記した事項は角がっこに入れる。ただし，初版の表示は記録しない。

地上巡禮␣／␣巡禮詩社␣[編]．␣―␣複製版
良民．␣―␣復刻版
青年法律家␣／␣青年法律家協会␣[編]．␣―␣縮刷版

13.2.1.3（変化）　継続資料の版表示に対象範囲や主題が変わったことを示す変化がある場合，別の継続資料とみなして，別の新しい書誌的記録を作成する。（13.0.2.1Bア）参照）版表示の表現上の変化などの場合，次のとおりとする。

逐次刊行物では，変化後の版表示を注記することができる。（13.7.1.1A，13.7.3.2A参照）

更新資料では，従来記録していた版表示を変化後の版表示に改める。変化前の版表示を注記することができる。（13.7.1.1A，13.7.3.2A参照）

13.2.2　特定の版にのみ関係する責任表示

13.2.2.0（記録の目的）　記述対象の責任表示のうち，記述対象の属する版のみの改訂に関係した個人もしくは団体，またはその版の補遺的資料の編者などは，版表示の直後に記録することで，この事実を明示する。

13.2.2.1（責任表示とするものの範囲）　次に示す版にのみ関係する編者などとする。

ア）特定の一つの版にのみ関係している編者など

イ）2以上の版に関係しているが，すべての版には関係していない編者など（その諸版すべてに関係する編者などは13.1.5による）

第13章　継続資料

13.2.2.2（記録の方法）　特定の版にのみ関係している責任表示は，版表示に続けて記録する。記録の方法は13.1.5.2による。

13.2.3　付加的版表示

13.2.3.0（記録の目的）　版表示のなかには，階層構造を有するものがある。（例：ある名称を有する版グループ中の一つの版，または別の名称をもっている版など，また特定の版グループ中で，特に改訂，増補等の表示のある刷次もこれにあたる）このような状況に対応するため，通常の版表示に加えて，これをさらに特定化するための版表示が必要となる。2組の版表示を用いることで，特定版の限定という各種の複雑な状況に対応することが可能となる。

13.2.3.1（付加的版表示とするものの範囲）　一つの版グループ中の特定版に関するあらゆる種類の版表示を含む。

13.2.3.2（記録の方法）　情報源における表示のまま記録する。記録の方法は13.2.1.2による。

13.2.4　付加的版にのみ関係する責任表示

13.2.4.1（責任表示とするものの範囲）　付加的版にのみ関係する編者等。

13.2.4.2（記録の方法）　付付加的版表示の直後に記録する。記録の方法は，13.1.5.2による。

13.3　順序表示に関する事項

13.3.0　通則

13.3.0.0（記述の意義）　順序表示は，**逐次刊行物**の刊行の状態を示すもので，タイトルおよび責任表示だけでなく，この記録によってそれぞれの逐次刊行物が同定識別されることがある。

　　更新資料では，順序表示は記録しない。

13.3.0.1（書誌的事項）　記録すべき書誌的事項とその記録順序は，次のとおりとする。

　ア）順序表示（巻次，年月次）

13.3.0.2（区切り記号法）（1.0.6.7参照）

　ア）順序表示に関する事項の前には，ピリオド，スペース，ダッシュ，スペース（.␣—␣）を置く。

　イ）初号の順序表示のあとにハイフン（−）を置く。巻次に続く年月次は丸がっこに入れる。丸がっこ（一対）の前にスペース（␣）を置く。

　　　　.␣—␣初号の巻次␣(初号の年月次)−

　ウ）2以上の表示方式が使われている場合，別方式の順序表示の前にはスペース，等号，スペース（␣=␣）を置く。

13.3 順序表示に関する事項

.␣―␣初号の巻次␣=␣初号の別方式の巻次␣(初号の年月次)-

エ) 順序表示方式に変化があった場合, 新しい表示方式の前には, スペース, セミコロン, スペース (␣;␣) を置く。

.␣―␣古い表示方式の最初の号の巻次␣(年月次)-古い表示方式の最後の号の巻次␣(年月次)␣;␣新しい表示方式の最初の号の巻次␣(年月次)-

13.3.0.3（複製物） 複製物の場合, 原逐次刊行物の順序表示を記録する。複製物に別の順序表示があるときは, これを注記する。(13.0.3.1A, 13.0.3.1A別法, 13.7.1.1B, 13.7.1.1B別法, 13.7.3.3A参照)

13.3.1 順序表示とするものの範囲

順序表示は, 初号（本タイトルあるいは責任表示の重要な変化により新しい書誌的記録を作成した場合は, 変化後の最初の号）と終号（本タイトルあるいは責任表示の重要な変化により新しい書誌的記録を作成した場合は, 変化前の最後の号）について記録する。ただし, 刊行中のものは初号についてのみ記録する。

順序表示とするものの範囲は, 記録する号の巻次, 年月次である。

地域文化研究.␣―␣1号␣(2003年3月31日)-
千葉大学社会文化科学研究.␣―␣創刊号␣(1997)-

巻次, 年月次がともに存在しない場合, 出版年・頒布年等を, 順序表示として記録する。

調査報告書.␣―␣2005-

13.3.1.1（初号に順序表示のないもの） 初号に順序表示がない場合, それに続く号の順序表示に基づいて記録する。

13.3.1.2（2以上の表示方式） 2以上の順序表示の表示方式がある場合, 双方を記録する。

13.3.1.3（変化） 順序表示方式に変化があった場合, 古い方式による表示と新しい方式による表示の双方を記録する。

13.3.1.4（所蔵巻号） 所蔵する巻号については所蔵事項に記録する。(13.10参照)

13.3.2 記録の方法

順序表示は, 巻次, 年月次を情報源に用いられている表示そのままに記録する。

巻次, 年月次がともに存在する場合, 巻次に続けて年月次を記録し, 年月次は丸がっこに入れ, 丸がっこ（一対）の前にスペース（␣）を置く。

改造.␣―␣1巻1号␣(大正8年4月)-36巻2号␣(昭和30年2月)
横浜市立大学大学院紀要.␣―␣1号␣(1993.3)-3号␣(1996.9)

第13章　継続資料

　　　巻次の表示がない場合，年月次のみを記録する。

　　　　　　統計でみる社会保険.␣―␣平成3年度版－

　　　年月次の表示がない場合，巻次に続けて出版年，頒布年等を丸がっこに入れて記録する。

　　　　　　地域研究調査報告書.␣―␣1集␣(1994)－7集␣(2000)

　　　巻次，年月次がともに存在しない場合，出版年・頒布年等を，順序表示として記録する。

　　　　　　調査報告書.␣―␣2005－

13.3.2 別法　年月次の表示がない場合，巻次のみを記録する。

　　　　　　地域研究調査報告書.␣―␣1集－7集

13.3.2.1（完結したものの順序表示）完結した逐次刊行物の場合，初号の順序表示と，終号の順序表示とを，ハイフン（－）で結んで記録する。

　　　　　　北大社会学会研究報告資料.␣―␣1集␣(1962)－4集␣(1972)

13.3.2.2（刊行中のものの順序表示）刊行中の逐次刊行物の場合，初号の順序表示にハイフン（－）を付して記録する。

　　　　　　世界.␣―␣1号␣(昭和21年1月)－
　　　　　　日本獣医師会雑誌.␣―␣4巻2号␣(昭和26年2月)－
　　　　　　（継続前誌の日本獣医協会雑誌の巻次：1巻1号－4巻1号）

13.3.2.3（初号に順序表示のないもの）　初号に順序表示がない場合，それに続く号の順序表示に基づいて，以下のように記録する。

　　　　　　.␣―␣[第1巻␣(平成15年度)]␣－
　　　　　　.␣―␣[第1号␣(2003年8月)]␣－
　　　　　　.␣―␣[2004]－

13.3.2.4（2以上の表示方式）　2以上の順序表示の表示方式がある場合，表示されている順でそれらを記録する。ただし，巻号と通号が並存するときは，通号を別方式として記録する。別方式の順序表示等の前には，スペース，等号，スペース（␣=␣）を置く。

　　　　　　.␣―␣初号の順序表示␣=␣初号の別方式の順序表示－
　　　　　　鉱山.␣―␣11巻1号␣(1958)␣=␣101号␣(1958)－

13.3.2.5（変化）　順序表示方式に変化があった場合，古い表示方式による最初の号と最後の号の表示を記録し，それに続けて新しい方式の表示を記録する。新しい方式の表示の前には，スペース，セミコロン，スペース（␣;␣）を置く。

　　　　　　.␣―␣古い表示方式の最初の号の順序表示－古い表示方式の最後の号の順序表示␣;␣新しい表示方式の最初の号の順序表示－

13.4　出版・頒布等に関する事項

　　世界経済評論. ␣―␣26号␣（昭和31年6月）－57号␣（昭和34年12月）␣;␣4巻1号␣（昭和35年1月）－

13.4　出版・頒布等に関する事項

13.4.0　通則

13.4.0.0（記述の意義）　記述対象の出版，発行，公開および頒布，発売等の狭義の出版に関する項目（以下「出版項目」という）ならびに製作，印刷等の製作に関する項目（以下「製作項目」という）を示す。すなわち出版物としての成立状況，版の同定識別（同一原版でも出版者の異なる場合），入手可能性および物としての記述対象の製作に関することを，以下に示す目的で記録する。

13.4.0.0A　出版地は，出版者の特定や記述対象の内容等についての判断材料となることがあり，出版者は，資料内容の観点や質，情報の信頼性の判定に有用である。出版年は，その記述対象の版が最初に出版された年，すなわち情報内容の収録時点についての情報を明らかにする。

　　また，頒布地，頒布者によって記述対象の入手先を知ることができる。製作項目を記録することによって，記述対象の局地性や内容の判定に役立たせることができる。

13.4.0.0B　出版項目のうち，頒布，発売等の項目は，出版，発行等の表示がないとき，その代替情報としての役割を果たす。ただし，それが重要であれば，出版，発行等の項目に付加して記録してもよい。

13.4.0.0C　出版物には，出版項目の他に製作項目が表示されることがあり，後者のみが表示されていることもある。資料の製作にかかわる機能は，情報の流通を目的とする出版，頒布の機能とは区別して扱う。出版物の場合，出版項目が不明のときに製作項目を記録する。ただし，それが重要であれば，出版項目に付加して製作項目を記録してもよい。

　　なお，出版，頒布の機能と製作の機能が未分化であるか，両者の関係が明確でないときは，製作項目は出版項目とみなす。

13.4.0.0D　記述対象が非刊行物の場合，本来の出版項目というものは存在しないので，記述対象の製作項目を記録する。

13.4.0.1（書誌的事項）記録すべき書誌的事項と，その記録順序は次のとおりとする。

　ア）出版地，頒布地等

　イ）出版者，頒布者等

　ウ）出版年，頒布年等

第13章　継続資料

　　エ）製作項目（製作地，製作者，製作年）

13.4.0.2（区切り記号法）

　　ア）出版・頒布等に関する事項の前には，ピリオド，スペース，ダッシュ，スペース（.␣—␣）を置くか，または改行して区切り記号を用いない。

　　イ）2番目以降の出版地，頒布地等の前には，スペース，セミコロン，スペース（␣；␣）を置く。

　　ウ）出版者，頒布者等の前には，スペース，コロン，スペース（␣：␣）を置く。

　　エ）補記した出版者，頒布者等の役割表示は角がっこに入れる。角がっこの前にスペース（␣[ ]）を置く。

　　オ）出版年，頒布年等の前には，コンマ，スペース（,␣）を置く。

　　カ）製作項目（製作地，製作者，製作年）は丸がっこに入れる。丸がっこの前にスペース（␣( )）を置く。

　　キ）製作者の前には，スペース，コロン，スペース（␣：␣）を置く。

　　ク）製作年の前には，コンマ，スペース（,␣）を置く。

　　　　．␣—␣出版地␣：␣出版者,␣出版年

　　　　．␣—␣頒布地␣：␣頒布者␣[役割表示],␣頒布年␣(製作地␣：␣製作者,␣製作年)

13.4.0.2A　製作項目を出版項目に続けて記録するときは，13.4.0.2カ）～ク）の規定によるが，製作項目のみを記録するときは，13.4.0.2ア）およびキ）～ク）の規定による。

13.4.0.3（複製物）　複製物の場合，原資料ではなく複製物自体の出版・頒布等に関する事項を記録するとともに，原資料の出版・頒布等に関する事項を注記する。（13.0.3.1A，13.0.3.1A別法，13.7.1.1B，13.7.1.1B別法，13.7.3.2C参照）

13.4.1　出版地，頒布地等

13.4.1.1（出版地，頒布地等とするものの範囲）　所定の情報源において，出版者（もしくは頒布者）名と関連して表示されている地名（市，町，村）のことで，2以上の出版者名があるときは，顕著な出版者名（もしくは最初の出版者名）と関連する地名である。情報源において，出版者の表示がなくても，その出版物の出版地（もしくは頒布地）として示されていることがある。

13.4.1.1A　出版地の表示がないときは，頒布地を記録する。

13.4.1.1B　同一出版者に2以上の出版地があるときは，顕著なもの，最初のものの順で，一

13.4 出版・頒布等に関する事項

つの出版地を選定する。2言語以上で表示されているときは，本タイトルまたは本文の言語と一致するものを記録する。出版地として記録しなかったものは，注記することができる。

13.4.1.1B別法　洋資料を記述する場合，2以上の出版地があり，そのうちの一つが日本の出版地であるときは，これを選定する。

13.4.1.1C　出版者とそれに対応する出版地が2組以上表示されている場合，顕著なもの，最初のものの順で，一つの組を選択して記録する。

13.4.1.1D　出版地と頒布地双方の表示があるときは，頒布地は原則として記録しない。頒布地について注記することができる。

13.4.1.1D任意規定　頒布地を出版地，出版者に続けて記録する。（13.4.2.1C任意規定参照）

13.4.1.2（記録の方法）　記述対象に表示されている地名を記録する。言語によっては，地名が格変化していることがあるが，このような場合も，そのままの形で記録する。

13.4.1.2A　識別上必要があるときは，市町村名等に国名，州名，都道府県名等を付記または補記する。

13.4.1.2B　出版地が記述対象に表示されていない場合，調査もしくは推定による出版地を角がっこにいれて記録する。出版地不明の場合，代替情報として頒布地を記録できないときは，国名を補記するか，「［出版地不明］」（書誌的事項が外国語のときは13.0.6.1A参照）と補記する。

13.4.1.3（変化）　**逐次刊行物**では，出版地に変化が生じた場合，変化後の出版地を注記することができる。（13.7.1.1A，13.7.3.4参照）

　　更新資料では，出版地に変化が生じた場合，従来記録していた出版地を変化後の出版地に改める。変化前の出版地を注記することができる。（13.7.1.1A，13.7.3.4参照）

13.4.2　出版者，頒布者等

13.4.2.1（出版者，頒布者等とするものの範囲）　記述対象の出版，頒布，公開，発行等について責任がある個人もしくは団体の名称，またはそれが識別できる表示。近代的な出版・流通制度が確立していない場合，出版関係の機能と物としての製作の機能が混在していることがあるが，このような場合は，これらの機能を果たしている個人または団体を含む。

13.4.2.1A　出版者の表示がないときは，頒布者を記録する。

13.4.2.1B　2以上の出版者の表示があるときは，顕著なもの，最初のものの順で一つを選択する。2言語以上の表示があるときは，本タイトルまたは本文の言語と一致するものを記録する。出版者として記録しなかったものは，注記することができる。

第13章　継続資料

13.4.2.1C　出版者と頒布者双方の表示があるときは，頒布者は原則として記録しない。頒布者は注記することができる。

13.4.2.1C任意規定　頒布者を出版地，出版者に続けて記録する。（13.4.1.1D任意規定参照）この場合，頒布地が出版地と同一のときは，一方の記録を省略する。同一でないときは，出版地，出版者，頒布地，頒布者の順とし，「発売」など，頒布者の果たしている役割を示す語句を付記または補記する。

13.4.2.2（記録の方法）　出版者等は記述対象に表示されている名称を記録する。ただし，出版者名に付されている法人組織を示す語などは省略する。出版者等は，識別可能な範囲で簡潔な名称で記録することを原則とするので，タイトルや責任表示に名称の完全形があるときは，短縮形を用いることができる。

13.4.2.2A　出版者と頒布者の双方が記述対象に表示されていないときは，「［出版者不明］」（書誌的事項が外国語のときは13.0.6.1A参照）と補記する。

13.4.2.2B　頒布地と頒布者等を，出版地と出版者の代替とする場合，「発売」のように，その果たしている役割を示す語句を付記または補記する。このような語句が頒布者名と一体になった形となっているときは，そのままの形で記録し，記述対象にこのような語句が表示されていないときは，簡潔な語句を補記する。

13.4.2.3（変化）　**逐次刊行物**では，出版者等に変化が生じた場合，変化後の出版者等を注記することができる。（13.7.1.1A，13.7.3.4参照）

　　更新資料では，出版者等に変化が生じた場合，従来記録していた出版者を変化後の出版者に改める。変化前の出版者等を注記することができる。（13.7.1.1A，13.7.3.4参照）

13.4.3　出版年，頒布年等

13.4.3.1（出版年，頒布年等とするものの範囲）　記述対象に表示されている，当該継続資料の出版，頒布，公開，発行の年（または日付）。最新の刷りの年ではなく，その出版物が属する版が最初に刊行された年とする。

13.4.3.1A　出版年の表示がない場合，頒布年を記録する。これらの表示がないときは著作権表示年を，その表示もないときは製作年を記録する。この場合，頒布年と製作年の後ろには「発売」「印刷」などの役割を示す語句を，著作権表示年の前には著作権を示す「c」などの記号を付加する。

13.4.3.1A任意規定　出版年と頒布年，著作権表示年，製作年が相違している場合，出版年に続けて頒布年または著作権表示年もしくは製作年を記録する。この場合，役割を示す語句等

13.4 出版・頒布等に関する事項

の付記の方法は，13.4.3.1Aの規定による。

13.4.3.2（記録の方法） **逐次刊行物**では，完結している場合，初号の出版年と終号の出版年をハイフン（－）で結んで記録する。刊行中の場合，初号の出版年にハイフン（－）を付して記録する。

更新資料では，記述対象に表示されている最初の出版，頒布，公開，発行のいずれかの年を，最初の出版年として記録する。表示されていない場合，記述対象が最初に入手可能となった年が判明すれば，それを最初の出版年として補記する。完結している場合，完結した年が判明すれば，それを最終の出版年として記録する。

また，加除式資料については，当該版が最初に出版された年を最初の出版年として，情報源に表示されている刊行中止した年を最後の出版年として記録し，最新の更新された年が判明れば，それを補記する。最初の出版年と最後の出版年はハイフン（－）で結んで記録する。

　　　　　1990 ␣－␣ 1995 ␣[1999最新更新]

13.4.4　製作項目（製作地，製作者，製作年）

13.4.4.1（製作項目とするものの範囲） 製作項目には，記述対象が製作された土地の名称（製作地），その製作に責任を有する個人や団体の名称，またはそれが識別できる表示（製作者），および製作された年代，日付（製作年）がある。

13.4.4.1A 製作項目は，非刊行物の場合か，出版項目が不明の場合に記録する。

13.4.4.1A任意規定 出版項目とは別に製作項目の表示がある場合，それが重要なときは，製作項目をも記録する。

13.4.4.2（記録の方法） 非刊行物の場合，製作地，製作者，製作年の順に記録し，製作者のあとに「（印刷）」「（私製）」などの語を付記するか，製作年のみを記録し，そのあとに同様の語を付記する。

13.4.4.2A 出版項目が不明の場合，「［出版地不明］」「［出版者不明］」と補記し，出版年の位置に製作年を記録したあと，製作地，製作者の順で記録する。製作年には「印刷」「私製」などの語を付記する。

13.4.4.2A任意規定 出版項目に加えて製作項目を記録するときは，出版項目のあとに，製作地，製作者，製作年の順で記録するか，製作年のみを記録し，そのあとに「印刷」「私製」などの語を付記する。

13.5　形態に関する事項

13.5.0　通則

第13章　継続資料

13.5.0.0（記述の意義）　資料自体を見なくてもその資料の形態の大要が把握でき，かつ当該資料と分離する可能性がある付属物・添付物などの数量等，資料の管理・保全上必要な情報が得られるように，資料で用いている用語や表現にとらわれず，記述用に定義づけられた一定の用語を用いて当該事項を記録する。

13.5.0.0A　本体と形態的に分離できる付属物，製本されていない図版等も資料の管理上記録しておく必要がある。

13.5.0.0B　用語は日本語形とする。

13.5.0.0B別法　洋資料では，用語を英語形とする。

13.5.0.1（書誌的事項）　記録すべき書誌的事項と，その記録順序は次のとおりとする。

　ア）特定資料種別と資料の数量

　イ）その他の形態的細目（使用しない）

　ウ）大きさ

　エ）付属資料

13.5.0.2（区切り記号法）

　ア）形態に関する事項の前には，ピリオド，スペース，ダッシュ，スペース（.␣—␣）を置く。

　イ）その他の形態的細目の前には，スペース，コロン，スペース（␣:␣）を置く。

　ウ）大きさの前には，スペース，セミコロン，スペース（␣;␣）を置く。

　エ）付属資料の前には，スペース，プラス記号，スペース（␣+␣）を置く。

　オ）付属資料の形態的細目は，丸がっこに入れる。丸がっこ（一対）の前後にスペース（␣（　）␣）を置く。

　　.␣—␣特定資料種別と数量␣:␣その他の形態的細目␣;␣大きさ␣+␣付属資料␣（形態的細目）

13.5.0.3（複製物）　複製物の場合，原資料ではなく複製物自体の形態に関する事項を記録する。原資料の形態に関する事項は注記することができる。（13.0.3.1A，13.0.3.1A別法，13.7.1.1B，13.7.1.1B別法，13.7.3.2C参照）

13.5.1　特定資料種別と資料の数量

13.5.1.1（記録するものの範囲）　印刷形態の継続資料の場合，特定資料種別の名称は記録せず，冊数のみを記録する。印刷形態以外の継続資料の場合，その記録媒体について規定する章で定めている特定資料種別と数量を記録する。

13.5 形態に関する事項

13.5.1.2（記録の方法） 数量は，継続資料が刊行されたときの数量を記録する。

13.5.1.2A 加除式資料以外の継続資料については，刊行中の場合，数量は空欄とし，特定資料種別と数量に付する語（印刷形態の継続資料については「冊」）のみを記録し，刊行完結後に，数量を記録する。

加除式資料については，刊行中でも刊行完結後でも，「○冊」と記録する。

13.5.2　その他の形態的細目（使用しない）

印刷形態の継続資料の場合，その他の形態的細目は記録しない。印刷形態以外の継続資料の場合，これを注記することができる。（13.7.3.5 ア）参照）

13.5.3　大きさ

13.5.3.1（大きさとするものの範囲） 記述対象の寸法（高さ，幅，奥行など）。

13.5.3.2（記録の方法） 印刷形態の継続資料は，外側の寸法をセンチメートルの単位で，端数を切り上げて記録する。印刷形態以外の継続資料の場合，その記録媒体について規定する章で定めている通りに記録する。

13.5.3.3（変化） 刊行中に継続資料の大きさに変化が生じた場合，あるいは大きさが異なる2以上の部からなる継続資料の場合，最小のものと最大のものをハイフンで結んで記録する。

13.5.4　付属資料

13.5.4.1（付属資料とするものの範囲） 継続資料と同時に刊行され，その継続資料とともに利用するようになっている付属物。複合媒体資料の別個の部分も含む。ただし，常時継続資料に付属していないものは，注記する。

13.5.4.2（記録の方法） 形態に関する事項の最後に，当該付属資料の特性を示す資料種別や特定資料種別の名称と数量などを記録する。必要に応じて簡潔な形態的細目を付記する。

13.5.4.2 別法 付属資料は注記する。

13.6　シリーズに関する事項

13.6.0　通則

13.6.0.0（記述の意義） シリーズに属する単行資料を記述の対象とする場合のように，2以上の書誌階層に属している資料を記述する場合，対象資料の同定識別と，2以上の書誌レベルからの検索を可能とするため，上位書誌レベルの書誌的事項を，シリーズに関する事項として記録する。シリーズに関する事項において記録する上位書誌レベルの書誌単位は，集合単位である。（13.0.2.3～13.0.2.4参照）

13.6.0.1（書誌的事項） 記録すべき書誌的事項と，その記録順序は次のとおりとする。

第13章　継続資料

　　ア）本シリーズ名

　　イ）並列シリーズ名

　　ウ）シリーズ名関連情報

　　エ）シリーズに関係する責任表示

　　オ）シリーズの標準番号

　　カ）シリーズ番号

　　キ）下位シリーズの書誌的事項

13.6.0.2（区切り記号法）

　　ア）シリーズに関する事項の前には，ピリオド，スペース，ダッシュ，スペース（.␣—␣）を置くか，または改行して区切り記号を用いない。

　　イ）シリーズに関する事項はそれぞれ丸がっこに入れる。シリーズに関する事項それぞれの前には，スペース（␣）を置く。（1.0.6.7B(1)参照）

　　ウ）並列シリーズ名または下位シリーズの並列シリーズ名の前には，スペース，等号，スペース（␣=␣）を置く。

　　エ）シリーズまたは下位シリーズのシリーズ名関連情報の前には，スペース，コロン，スペース（␣：␣）を置く。

　　オ）シリーズまたは下位シリーズの最初の責任表示の前には，スペース，斜線，スペース（␣／␣）を置く。

　　カ）シリーズまたは下位シリーズの2番目以降の各責任表示の前には，スペース，セミコロン，スペース（␣；␣）を置く。

　　キ）シリーズまたは下位シリーズの標準番号の前には，コンマ，スペース(,␣)を置く。

　　ク）シリーズ番号または下位シリーズ番号の前には，スペース，セミコロン，スペース（␣；␣）を置く。

　　ケ）下位シリーズ名の前には，ピリオド，スペース（.␣）を置く。

　　　　.␣—␣(第1のシリーズ)␣(第2のシリーズ)

　　　　.␣—␣(本シリーズ名␣=␣並列シリーズ名␣：␣シリーズ名関連情報␣／␣シリーズに関係する責任表示,␣シリーズの標準番号␣；␣シリーズ番号)

　　　　.␣—␣(本シリーズ名.␣下位シリーズ名␣／␣下位シリーズに関係する責任表示,␣下位シリーズの標準番号␣；␣下位シリーズ番号)

13.6.0.3（2以上のシリーズ表示）　記述対象が2以上のシリーズに属している場合，それぞれ

13.6 シリーズに関する事項

のシリーズの書誌的事項を記録する。記録の優先順位は,

ア）記述対象におけるそれぞれのシリーズの表示がある情報源が異なるときは，所定の情報源の優先順位を，記録する優先順位とする。

イ）情報源が同一のときは，選択した情報源上のシリーズ表示の順序による。

13.6.1 本シリーズ名

13.6.1.1（本シリーズ名とするものの範囲） 記述対象の継続資料全体を通じて共通する，所定の情報源に表示されている，シリーズ固有の名称。

13.6.1.1 別法 集合単位のタイトルを共通タイトル，継続刊行単位のタイトルを従属タイトルとし，シリーズに関する事項は記録しない。（13.0.2.3別法参照）

13.6.1.1A シリーズに関する事項に記録する本シリーズ名は，最上位書誌レベルの本タイトルとする。

13.6.1.1B 所定の情報源に表示されているシリーズ名が，記述対象の継続資料全体に共通でない場合，注記することができる。

13.6.1.2（記録の方法） 所定の情報源に表示されているままに転記する。シリーズ名の一部分が2行書き，または小さな文字で表示されていても，1行書きとし，全部同じ大きさの文字で記録する。

13.6.1.3（変化） **逐次刊行物**では，本シリーズ名に変化が生じた場合，変化後のシリーズ名を注記することができる。（13.7.1.1A参照）

　更新資料では，本シリーズ名に変化が生じた場合，従来記録していた本シリーズ名を変化後の本シリーズ名に改める。変化前のシリーズ名を注記することができる。（13.7.1.1A参照）

13.6.2 並列シリーズ名

13.6.2.1（並列シリーズ名とするものの範囲） 本シリーズ名の別言語および別の文字（またはその一方）のシリーズ名。（13.1.3.1参照）

13.6.2.2（記録の方法） 本シリーズ名に続けて記録する。

13.6.2.2 別法 注記として記録する。

13.6.3 シリーズ名関連情報

13.6.3.1（シリーズ名関連情報とするものの範囲） 本シリーズ名の関連情報。

13.6.3.1A シリーズに関係する版表示は，シリーズ名関連情報として記録する。

13.6.3.2（記録の方法） 本シリーズ名に対する必要な補足となる場合，資料に表示されている

第13章　継続資料

ときに記録する。本シリーズ名（並列シリーズ名がある場合は，並列シリーズ名）に続けて記録する。

13.6.4　シリーズに関する責任表示

13.6.4.1（シリーズに関係する責任表示とするものの範囲）　シリーズに関係する責任表示のすべて。

13.6.4.2（記録の方法）　総称的なシリーズ名の場合は記録する。それ以外の場合，当該シリーズの識別上必要であり，かつ記述対象に表示されているときに記録する。

13.6.5　シリーズの標準番号

13.6.5.1（シリーズの標準番号とするものの範囲）　ISSN，ISBNなどの国際標準番号およびこれに代わる番号。

13.6.5.2（記録の方法）　当該標準番号の規格の標準的な方法で記録する。（13.8.1.2参照）

13.6.6　シリーズ番号

13.6.6.1（シリーズ番号とするものの範囲）　記述対象の，シリーズ内における番号づけ。番号の前後に，それを修飾する語句がついているものもある。

13.6.6.2（記録の方法）　出版物に表示されている形で記録するが，略語表（付録2参照）に従って略語化できる。数字は原則としてアラビア数字とする。ただし，識別のために二様以上の数字を用いる必要があるときは，そのままの形で記録する。

13.6.7　下位シリーズの書誌的事項

13.6.7.1（下位シリーズ名とするものの範囲）　本シリーズ名の下位書誌レベルのシリーズ名で，記述対象に本シリーズ名とともに表示されているもの。下位シリーズ名は，本シリーズ名と密接に関連していることも，関連していないこともある。

13.6.7.2（記録の方法）　本シリーズに関係する事項のあとに続けた形で記録する。

13.6.7.2 **別法**　下位シリーズの書誌的事項をシリーズに関する事項に記録し，上位のシリーズに関する事項を注記する。

13.6.7.2A　下位シリーズの並列シリーズ名，シリーズ名関連情報，責任表示は，識別上必要であると判断された場合にのみ記録する。

13.6.7.2B　下位シリーズの標準番号が判明したときは記録し，本シリーズの標準番号は注記する。

13.6.7.2B **別法**　下位シリーズ，本シリーズの標準番号はすべて注記に記録する。

13.6.7.2C　下位シリーズ内の番号づけの記録は13.6.6.2による。

13.7 注記に関する事項

13.7.0 通則

13.7.0.0（記述の意義） 注記は定型的な書誌的事項で構成されている記述を敷衍・詳述したり，限定したりする機能を有する。タイトルからシリーズに関する事項に至るまでに記録できず，かつ重要と判断される事項を，すべて注記において示す。注記においては，記述対象に関するあらゆる事項を記録できる。注記のなかには，記述対象の書誌的状況や形態に関するもの，内容に関するものなどがあり，次のような機能を有している。

ア）記述対象の識別

イ）書誌的記録の理解を容易にする。

ウ）記述対象の特徴を示す。

エ）書誌的来歴を示す。

13.7.0.1（書誌的事項） 記録すべき注記とその記録順序は13.7.3による。

13.7.0.2（区切り記号法）

ア）各注記の前には，ピリオド，スペース，ダッシュ，スペース（.␣―␣）を置くか，または改行して区切り記号を用いない。

イ）注記の導入語句と注記の本体の間に，コロン，スペース（：␣）を置く。

　　　.␣―␣導入語句：␣注記本体

13.7.1 注記

13.7.1.1（注記とするものの範囲） タイトル（例：本タイトルの情報源，言語など），責任表示，版次，書誌的来歴，順序表示，出版・頒布等，シリーズ，内容，製本，入手可能性，図書館の蔵書となっている特定コピー，目録作成機関が重要と判断したもの等に関する注記がある。

13.7.1.1A 継続資料では，変化に関する注記が必要になることがある。

逐次刊行物の記述は初号か，あるいは入手できた最初の号に基づいているので，変化に関する注記は変化後の情報を記録する。(13.0.2.1A，13.1.1.3，13.1.3.3，13.1.4.3，13.1.5.3，13.2.1.3，13.4.1.3，13.4.2.3，13.6.1.3，13.7.3.1カ），13.7.3.1A，13.7.3.2B，13.7.3.4参照)

更新資料の記述は最新号に基づいているので，変化に関する注記は変化前の情報を記録する。(13.0.2.1A，13.1.1.3，13.1.3.3，13.1.4.3，13.1.5.3，13.2.1.3，13.4.1.3，13.4.2.3，13.6.1.3，13.7.3.1カ），13.7.3.1A，13.7.3.2B，13.7.3.4参照)

第13章　継続資料

13.7.1.1B　複製物について，原資料の書誌的事項が複製物と異なるときは，これを注記する。(13.0.3.1A，13.1.0.3，13.4.0.3，13.5.0.3，13.7.3.2C，13.8.0.3参照) ただし，順序表示については，原逐次刊行物の順序表示を記録し，複製物に原逐次刊行物とは別の順序表示があるときは，これを注記する。(13.0.3.1A，13.3.0.3，13.7.3.3A参照)

　　原資料の書誌的事項についての注記は，複製物に対する注記すべてのあとに記録する。

13.7.1.1B別法　複製物について，原資料自体を情報源とする場合，複製物の書誌的事項が原資料と異なるときは，これを注記する。(13.0.3.1A別法，13.1.0.3別法，13.3.03，13.7.3.1ク)，13.7.3.1Aオ)，13.7.3.3A，13.7.3.8A，13.8.0.3別法参照) ただし，版に関する事項，出版・頒布等に関する事項，形態に関する事項については複製物自体を情報源とし，原資料の書誌的事項が複製物と異なるときは，これを注記する。(13.0.3.1A別法，13.4.0.3，13.5.0.3，13.7.3.2C参照)

　　複製物の書誌的事項についての注記は，原資料に対する注記すべてのあとに記録する。

13.7.2　記録の方法

　　注記には定型のものと不定型のものがある。2以上の注記があるときは，それらが関連する書誌的事項の記録順序に従って，記録の順序を定める。

13.7.2.1（特定事項に関する2以上の注記）　特定の事項に関する2以上の注記は，一括して記録することができる。

13.7.3　注記の種類

13.7.3.0（下記の特定事項に属さない注記）

　ア）（誤記，誤植等に関する注記）　書誌的事項の誤記，誤植を正しい形に訂正して記録した場合，説明する必要があるときはもとの形を注記する。

　イ）（著作の様式および言語に関する注記）　唯一のタイトルの言語が本文の言語と異なる場合，本文の言語を注記する。(13.1.1.1カ)参照)

　　　　本文は日本語

　ウ）（記述の基盤に関する注記）　**逐次刊行物**の記述の基盤を初号ではなく，入手できた最初の号とした場合，基盤とした号の巻次（巻次が存在しない場合，年月次）を注記する。(13.0.3.0参照)

　　　　記述は第2号による

　エ）（刊行頻度・更新頻度に関する注記）　**逐次刊行物**の刊行頻度または**更新資料**の更新頻度がタイトルと責任表示に含まれていない場合，表示された刊行頻度または更新頻度を注記

13.7 注記に関する事項

する。

　刊行頻度は,「日刊」「隔日刊」「週刊」「旬刊」「半月刊」「月刊」「隔月刊」「季刊」「半年刊」「年刊」「月（年）○回刊」「○年刊」「不定期刊」等の表示を用いて記録する。

　　　刊行頻度：␣季刊

　更新頻度は, 表示されているままに記録する。

　刊行頻度・更新頻度に変化が生じた場合, 説明する必要があるときは注記する。

13.7.3.1（タイトルに関する注記）　タイトルに関する注記を行う場合, タイトルが総称的な語のときは, 必ず責任表示まで記録する。

ア）所定の情報源以外からタイトルを記録した場合, 記録したタイトルの情報源を注記する。

　　　タイトルの情報源：␣欄外

イ）同一情報源に異なるタイトルの表示がある場合, 記録したタイトルとは別の形のタイトルを注記する。（13.1.1.1C参照）

　　　別のタイトル：␣研究報告

ウ）所定の情報源が2以上あり, それらに表示されているタイトルが相違している場合, 記録したタイトルとは別の形のタイトルとその情報源を注記する。（13.1.1.1D参照）

　　　別のタイトル：␣南西水研報告␣（情報源は裏表紙）

エ）日本語と外国語（ローマ字表記の日本語を含む）のタイトルがある場合, 日本語のタイトルを本タイトルとするときは, 外国語のタイトルを注記する。（13.1.1.1C別法参照）

　　　英語のタイトル：␣Medical libraries

オ）並列タイトルをタイトルと責任表示に関する事項として記録しない場合, これを注記する。（13.1.3.2別法参照）

　　　並列タイトル：␣Steuerrechtswissenschaft

カ）**逐次刊行物**では, 本タイトルに軽微な変化が生じた場合, 説明する必要があるときは変化後のタイトルを注記する。（13.0.2.1A, 13.1.1.3, 13.1.5.3, 13.7.1.1A, 13.7.3.1Aエ）参照）本タイトルの重要な変化により, 別の新しい書誌的記録を作成した場合, 版および書誌的来歴に関する注記として, 変化前後のタイトルに対応する書誌的記録の双方に本タイトルの変化について記録する。（13.7.3.2B参照）

　更新資料では, 本タイトルにどのような変化が生じた場合も, 新たな書誌的記録は作成せず, 従来記録していた本タイトルを変化後のタイトルに改めた上で, 説明する必要があるときは変化前のタイトルを注記する。（13.0.2.1A, 13.1.1.3, 13.7.1.1A参照）

第13章　継続資料

キ）その継続資料が他の継続資料の翻訳であり，異なる出版者によって刊行されている場合，もとの継続資料のタイトルおよび標準番号を注記する。

原タイトル：␣Economic and social survey of Asia and Pacific.␣－␣ISSN 0252-5704

ク）複製物について，原資料自体を情報源とする場合，複製物のタイトルが原資料のタイトルと異なっているときは，これを注記する。(13.0.3.1A別法，13.1.0.3別法，13.7.1.1B別法，13.7.3.1Aオ）参照)

13.7.3.1A（責任表示に関する注記）

ア）**逐次刊行物**において，主筆，同人等，個人編者が標題紙等に表示されている場合，これを注記する。(13.1.5.1A参照)

主筆：␣内村鑑三

イ）情報源によって責任表示が異なる場合，説明する必要があるときは記録しなかった責任表示とその情報源を注記する。

ウ）記述対象になく，他の情報源から得た責任表示は注記する。(13.1.5.1C参照)

エ）**逐次刊行物**では，責任表示に軽微な変化が生じた場合，説明する必要があるときは変化後の責任表示を注記する。(13.0.2.1A，13.1.1.3，13.1.5.3，13.7.1.1A，13.7.3.1カ）参照)

団体名の変化：␣軽金属協会␣(1号－9号)→軽金属研究会␣(10号－15巻2号)→軽金属学会␣(15巻3号－)

責任表示の重要な変化により，別の新しい書誌的記録を作成した場合，版および書誌的来歴に関する注記として，変化前後の責任表示に対応する書誌的記録の双方に責任表示の変化について記録する。(13.7.3.2B参照)

更新資料では，責任表示に変化が生じた場合，従来記録していた責任表示を変化後の責任表示に改めた上で，説明する必要があるときは変化前の責任表示を注記する。(13.0.2.1A，13.1.1.3，13.1.5.3，13.7.1.1A，13.7.3.1カ）参照)

オ）複製物について，原資料自体を情報源とする場合，複製物の責任表示が原資料の責任表示と異なっているときは，これを注記する。(13.0.3.1A別法，13.1.0.3別法，13.7.1.1B別法，13.7.3.1ク）参照)

13.7.3.2（版および書誌的来歴に関する注記）

13.7.3.2A　版に関する注記には次のものがある。

ア）（異版）　同時に刊行された継続資料が，言語，内容において基本の版と異なる場合，説

13.7 注記に関する事項

明する必要があるときはそれぞれの版の書誌的記録に，基本の版のタイトルおよび標準番号を注記する。

イ）（変化）　**逐次刊行物**では，版表示に変化が生じた場合，説明する必要があるときは変化後の版表示を注記する。（13.2.1.3 参照）

　　更新資料では，版表示に変化が生じた場合，従来記録していた版表示を変化後の版表示に改めた上で，説明する必要があるときは変化前の版表示を注記する。（13.2.1.3 参照）

13.7.3.2B　継続資料は，タイトル変遷について注記する。タイトル変遷に関する注記を行う場合，タイトルが総称的な語のときは，必ず責任表示まで記録する。

　　逐次刊行物では，本タイトルおよび責任表示に重要な変化が生じた場合，変化前後に対応する書誌的記録の双方に変化前後の本タイトルあるいは責任表示について記録するが，これはタイトル変遷に関する注記である。（13.0.2.1A，13.1.1.3，13.1.5.3，13.7.1.1A，13.7.3.1カ），13.7.3.1Aエ）参照）

　　タイトル変遷に関する注記には次のものがある。

ア）（継続）　**逐次刊行物**の本タイトルあるいは責任表示に重要な変化が生じた場合や，2以上の継続資料が一つの継続資料に変化しもとのタイトルを保持していない場合，新しく作成した書誌的記録と変化前から存在する書誌的記録の双方に，それぞれ対応するタイトルおよび標準番号を注記する。

　　　逐次刊行物の本タイトルあるいは責任表示に重要な変化が生じたとき

　　　　継続前誌：␣コールタール．␣―␣ISSN 0368-6914
　　　　（変化後に新しく作成した記録に）
　　　　継続後誌：␣アロマティックス．␣―␣ISSN 0365-6187
　　　　（変化前に対応する記録に）

　　　2以上の継続資料が一つの継続資料に変化するとき

　　　　継続前誌：␣芸苑
　　　　継続前誌：␣めざまし草
　　　　（変化後に新しく作成した記録に）
　　　　継続後誌：␣芸文
　　　　（変化前のそれぞれの記録に）

イ）（吸収）　一つの継続資料が一つ以上の他の継続資料を併合し，もとのタイトルを保持している場合，相互の書誌的記録にそれぞれ対応するタイトルおよび標準番号を注記する。

　　　　吸収前誌：␣地理

第13章　継続資料

　　　　（吸収した側の記録に）
　　　　吸収後誌：␣地理学評論.␣―␣ISSN 0061-7444
　　　　（吸収された側の記録に）

　ウ）（分離）　一つの継続資料から一つ以上の新タイトルをもつ継続資料が分離した場合，相互の書誌的記録にそれぞれ対応するタイトルおよび標準番号を注記する。

　　　　派生前誌：␣企業会計.␣―␣ISSN 0386-4448
　　　　（分離後新しく作成した記録に）
　　　　派生後誌：␣原価計算
　　　　（分離前から存在する記録に）

13.7.3.2B 別法　継続資料のタイトルの変遷について，次の三つの類型にとりまとめる。表現については，定型化せず，その事実を記録する。

　ア）（改題）　一つの逐次刊行物のタイトルあるいは責任表示に重要な変化があった場合

　　　　「材料試験」の改題
　　　　（変化後新しく作成した記録に）
　　　　以後「材料」と改題
　　　　（変化前に対応する記録に）

　イ）（合併）　2以上の継続資料が合併し，新タイトルをもつ継続資料となった場合，または一つの継続資料のタイトルを保持している場合

　　　　「計測」「自動制御」の合併誌
　　　　（変化後新しく作成した記録に）
　　　　以後「自動制御」と合併して「計測と制御」と改題
　　　　（変化前に対応する記録に）
　　　　以後「計測」と合併して「計測と制御」と改題
　　　　（変化前に対応する記録に）
　　　　85巻972号から「九州鉱山学会誌」「東北鉱山」「北海道鉱山学会誌」を合併
　　　　（変化後新しく作成した記録に）
　　　　以後「日本鉱業会誌」に合併
　　　　（変化前に対応する記録に）

　ウ）（分離）　一つの継続資料から新タイトルをもつ継続資料が分離した場合

　　　　「電気学会雑誌」から分離
　　　　（分離後新しく作成した記録に）
　　　　92巻1号から「電気学会論文誌.A」「電気学会論文誌.B」「電気学会論文誌.C」を分離
　　　　（分離前から存在する記録に）

13.7.3.2C　複製物の場合，複製物自体を情報源とする書誌的事項について，原資料の書誌的事項が複製物のものと異なっているときは，これを注記する。（13.0.3.1A，13.0.3.1A別

13.7　注記に関する事項

法, 13.1.0.3, 13.2.1.1, 13.4.0.3, 13.5.0.3, 13.7.1.1B，13.7.1.1B別法，13.8.0.3参照）

　　　　原資料の出版事項：␣松本␣:␣月桂社

13.7.3.2D　その継続資料が他の継続資料の付録であるときは，本体の継続資料のタイトルと標準番号を注記する。

　　　　本体誌：␣図書館雑誌.␣―␣ISSN 0385-4000

　その継続資料が他の継続資料を付録とするときは，それらのタイトルと標準番号を注記する。

　　　　付録誌：␣放送教育の研究

13.7.3.3（順序表示に関する注記）　順序表示について説明する必要があるときは，これを注記する。

　　　　号外：␣昭和32年9月,␣昭和47年3月
　　　　51巻1・2・3合併␣=␣通巻408号

13.7.3.3A　複製物に原逐次刊行物とは別の順序表示があるときは，これを注記する。（13.0.3.1A，13.0.3.1A別法，13.3.0.3，13.7.1.1B，13.7.1.1B別法参照）

　　　　複製物の順序表示：␣第1集␣(1972年)－第10集␣(1981年)

13.7.3.4（出版・頒布等に関する注記）　出版・頒布等に関する注記は，それぞれ第3～12章の該当箇所に準じて注記する。

　逐次刊行物では，出版・頒布地等，出版・頒布者等に変化が生じた場合，説明する必要があるときは変化後の出版・頒布地等，出版・頒布者等を注記する。（13.4.1.3，13.4.2.3，13.7.1.1A参照）

　更新資料では，出版・頒布地等，出版・頒布者等に変化が生じた場合，従来記録していた出版・頒布地等，出版・頒布者等を変化後の出版・頒布地等，出版・頒布者等に改めた上で，説明する必要があるときは変化前の出版地・頒布地等，出版・頒布者等を注記する。（13.4.1.3，13.4.2.3，13.7.1.1A参照）

　　　　出版者の変化：␣向上社␣(1号－20号)→清明社␣(21号－53号)→農村文化社␣(54号－58号)

13.7.3.4A　**逐次刊行物**の休刊の事実が明らかなときは，これを注記する。

　　　　休刊：␣1932－1945

13.7.3.5（形態に関する注記）

　ア）印刷形態以外の継続資料の場合，形態的細目について説明する必要があるときは注記す

第13章　継続資料

る。(13.5.2 参照)

イ）付属資料については，2.7.3.5 エ）に準じて注記する。

13.7.3.6（シリーズに関する注記）2.7.3.6 に準じて注記する。

13.7.3.7（内容に関する注記）　記述対象の内容について説明する必要があるときは，これを注記する。

ア）内容細目

イ）目次・索引

　　逐次刊行物の目次・索引に関する注記として，目次あるいは索引が当該逐次刊行物に掲載されている場合，目次・索引の種類，収録されている期間の順序表示，収録している号の順序表示などを記録する。

　　　　総目次・総索引あり
　　　　総目次：␣21巻3号, ␣34巻3号に収載
　　　　10巻1号から29巻4号までの総索引：␣30巻1号
　　　　総索引：␣各巻最終号の付属資料

　　目次あるいは索引が当該逐次刊行物とは別に刊行されている場合，目次・索引の種類，収録されている期間の順序表示，収録している資料のタイトル，出版事項などを記録する。

　　　　総目次・総索引：␣「経済学論集. ␣1号」に収載
　　　　　1巻1号から3巻4号までの総目次：␣内務時報. ␣大空社, ␣1992

　　更新資料については，説明する必要があるときは，注記する。
　　　　索引あり

ウ）要旨等

エ）対象者

13.7.3.8（標準番号に関する注記）　標準番号について説明する必要があるときは注記する。

13.7.3.8A　複製物について，原資料自体を情報源とする場合，複製物の標準番号が原資料と異なっているときは，これを注記する。(13.0.3.1A別法，13.7.1.1B別法，13.8.0.3別法参照)

13.8　標準番号，入手条件に関する事項

13.8.0　通則

13.8.0.0（記述の意義）　記述対象の特定用に，また出版情報や全国書誌情報の検索用に，ISSN, ISBN などの国際標準番号，もしくはこれに代わる番号を記録する。

13.8.0.1（書誌的事項）　記録すべき書誌的事項と，その記録の順序は次のとおりとする。

13.8　標準番号，入手条件に関する事項

　　ア）標準番号

　　イ）キイ・タイトル（任意規定による事項）

　　ウ）入手条件・定価（任意規定による事項）

13.8.0.2（区切り記号法）

　　ア）標準番号，入手条件に関する事項の前には，ピリオド，スペース，ダッシュ，スペース（.␣—␣）を置くか，または改行して区切り記号を用いない。

　　イ）この事項を繰り返す場合，それぞれ，ピリオド，スペース，ダッシュ，スペース（.␣—␣）を前に置く。

　　ウ）キイ・タイトルの前には，スペース，等号，スペース（␣=␣）を置く。

　　エ）入手条件の前には，スペース，コロン，スペース（␣:␣）を置く。

　　オ）標準番号または入手条件に対する付帯条件，付加的説明は丸がっこに入れる。丸がっこの前にスペース（␣(　)）を置く。

　　　　　　.␣—␣標準番号␣=␣キイ・タイトル␣:␣入手条件・定価␣(付加的説明)

13.8.0.3（複製物）　複製物の場合，原資料ではなく複製物自体の標準番号を記録する。原資料の標準番号は注記する。（13.0.3.1A，13.7.1.1B，13.7.3.2C参照）

13.8.0.3別法　複製物の場合，原資料の標準番号を記録する。複製物の標準番号は注記する。（13.0.3.1A別法，13.7.1.1B別法，13.7.3.8A参照）

13.8.1　標準番号

13.8.1.1（標準番号とするものの範囲）　ISSN，ISBNなどの国際標準番号およびこれに代わる番号。

13.8.1.2（記録の方法）　ISSN，ISBNなどの名称のあとに，記述対象に表示されている標準番号を記録する。ISSNについては，最初に「ISSN」と記録し，続けて8桁の数字を，4桁目と5桁目の数字の間にハイフン（—）を入れて記録する。

　　　　ISSN 0027-9153

13.8.1.2任意規定1　不正確な番号が記述対象に表示されていても，正しい番号が判明すればこれを記録し，不正確な番号は，「［エラーコード］」と冒頭に補記して記録する。

13.8.1.2任意規定2　標準番号のあとに装丁等を丸がっこに入れ，略語化できるときは略語形で簡潔に記録する。

13.8.2　キイ・タイトル（任意規定）

13.8.2.1（キイ・タイトルとするものの範囲）　ISSNネットワークによってそれぞれの継続資

第13章 継続資料

料の個別化用に付与されたもの。ISSNと不可分の関係にある。本タイトルと一致することもあるが，固有の名称とするため，識別・限定要素が付加されていることもある。

13.8.2.2 （記録の方法）継続資料の本タイトルと同一であっても，キイ・タイトルとして記録することができる。キイ・タイトルは，ISSNのあとに続けてスペース，等号，スペース（␣＝␣）で結んで記録する。

13.8.3 入手条件・定価（任意規定）

13.8.3.1 （記録するものの範囲） 記述対象に表示されているままの定価，および（または）その記述対象の入手可能性を示す語句もしくは数字による表現。

13.8.3.2 （記録の方法） 入手条件を示し，販売するものは定価を記録する。定価は標準番号（もしくはキイ・タイトル）に続けて，表示のままに，通貨の略語を付して記録する。付加的説明は丸がっこに入れる。

13.10 所蔵・更新事項

13.10.0 通則

13.10.0.0 （記録の目的） 所蔵している**逐次刊行物**の順序表示やその他，各図書館等の個別の情報を明らかにする。また，**更新資料**については，各図書館等の更新状況について明らかにする。

13.10.1 所蔵事項

逐次刊行物の各図書館等における所蔵に関する事項を記録する。

13.10.1.0 （所蔵事項とするものの範囲） 記録すべき所蔵事項と，その記録の順序は次のとおりとする。

　ア）所蔵順序表示

　　所蔵している号の順序表示を所蔵順序表示として記録する。

　イ）合綴製本の数量（任意規定による事項）

　ウ）保存期間（任意規定による事項）

13.10.1.1 所蔵順序表示

　所蔵順序表示の記録は，順序表示に関する事項の記録の方法による。

13.10.1.1A別法 所蔵順序表示の巻次等をまとめて記録し，号等の所蔵については，欠けたものを記録する。

13.10.1.1B 所蔵順序表示に受入継続を表す記号を付すことができる。

13.10.1.2 合綴製本の数量（任意規定）

必要に応じて，合綴製本の数量を，順序表示と対比させて記録する。

13.10.1.3 保存期間（任意規定）

保存期間は，保存年月を記録する。

13.10.2 更新事項

更新資料の各図書館等における更新状況について記録する。

13.10.2.0（更新事項とするものの範囲）記録すべき更新事項と，その記録の順序は次のとおりとする。

ア）加除式資料の更新状態（任意規定による事項）

イ）ウェブサイト，データベース等の更新状況（任意規定による事項）

ウ）その他の更新事項（任意規定による事項）

13.10.2.1 加除式資料の更新状態（任意規定）

加除式資料については，各図書館において更新された最新の状態について記録する。

13.10.2.2 ウェブサイト，データベース等の更新状況（任意規定）

ウェブサイトやデータベース等の各図書館等において利用可能な最新の状況について記録する。

13.10.2.3 その他の更新事項（任意規定）

各図書館において必要と判断する更新資料の更新に関する状況を記録する。

第13章以外に関連する変更

第13章以外に出現する次の語句は変更する。

逐次刊行書誌単位　→　継続刊行書誌単位　（0.8.2 ア）（2），1.0.2.4 など）

逐次刊行レベル　→　継続刊行レベル　（1.0.2.2 など）

逐次刊行物　→　継続資料　（1.0.2.1 など）
　　（ただし，単行資料と並列の関係として扱われているのではなく，逐次刊行物自体を扱った条項では，そのままとし変更しない。）

第13章以外に出現する次の語句を含む条項は削除する。

　　　　　　　　　　加除式　（2.5.1.2 D, 5.5.1.2 F など）

付録　用語解説

記述の基盤（継続資料）　書誌記述を作成する場合，そのよりどころとなる巻号。逐次刊行物では，通常，初号（本タイトルあるいは責任表示の重要な変化により新しい書誌的記録を作成した場合，変化後の最初の号），あるいは入手できた最初の号とする。なお，終刊したものを記述する場合，順序表示，形態に関する事項等を，終号または全体の巻号から補完する。更新資料では，出版開始年を除き，最新号とする。

継続刊行書誌単位（継続刊行単位）　継続刊行レベルの書誌単位で，継続資料の本タイトルから始まる一連の書誌的事項の集合。

継続資料　完結を予定せずに継続して刊行される資料。逐次刊行物と完結を予定しない更新資料とがある。

更新資料　更新により内容に追加，変更はあっても，一つの刊行物としてのまとまりが維持されている資料。完結を予定するものと予定しないものとがあり，完結を予定しないものは継続資料に属する。加除式資料，ウェブサイト，データベースなどがある。

順序表示　逐次刊行物の巻次，年月次。年月次がない場合は出版年，頒布年等で替えることができる。初号と終号について記録する。

書誌単位　同一の書誌レベルに属する，固有のタイトルから始まる一連の書誌的事項の集合。書誌的記録は一つまたは複数の書誌単位からなる。基礎（単行，継続刊行），集合，構成の3種がある。

逐次刊行書誌単位（逐次刊行単位）　⟶　**継続刊行書誌単位（継続刊行単位）**

逐次刊行物　完結を予定せず，同一のタイトルのもとに，一般に巻次，年月次を追って，個々の部分（巻号）が継続して刊行される資料。雑誌，新聞，年報，年鑑，団体の紀要，会報，モノグラフ・シリーズ，電子ジャーナルなどがある。

視覚障害その他の理由で活字のままでこの本を利用できない人のために、日本図書館協会及び著者に届け出ることを条件に音声訳（録音図書）及び拡大写本、電子図書（パソコンなど利用して読む図書）の製作を認めます。ただし、営利を目的とする場合は除きます。

EYE LOVE EYE

日本目録規則 1987年版改訂2版　追加および修正

第2章　図書（和古書・漢籍用増補版）

第3章　書写資料（増補改訂版）

第13章　継続資料（旧第13章逐次刊行物　改訂版）

2005年8月10日　発行

本体 1200円（税別）

編　者　日本図書館協会目録委員会
発行者　社団法人　日本図書館協会
〒104-0033　東京都中央区新川1-11-14
TEL 03-3523-0811　FAX 03-3523-0841

ISBN4-8204-0514-4

JLA200524　　　　　　　　　　　　Printed in Japan